# Mein Garten
öffnet seine Rosen

# Mein Garten öffnet seine Rosen

## DICHTERINNEN ÜBER IHRE GÄRTEN

Jan Thorbecke Verlag

**VERLAGSGRUPPE PATMOS**

**PATMOS**
**ESCHBACH**
**GRÜNEWALD**
**THORBECKE**
**SCHWABEN**

Die Verlagsgruppe
mit Sinn für das Leben

Für die Schwabenverlag AG ist Nachhaltigkeit
ein wichtiger Maßstab ihres Handelns. Wir ach-
ten daher auf den Einsatz umweltschonender
Ressourcen und Materialien.

© 2015 Jan Thorbecke Verlag der Schwabenverlag AG, Ostfildern
www.thorbecke.de

Gestaltung: Finken & Bumiller, Stuttgart
Druck: CPI – Ebner & Spiegel, Ulm
Hergestellt in Deutschland
ISBN 978-3-7995-0667-0

# Inhalt

FRANCES HODGSON BURNETT

# Der geheime Garten

Es war der schönste, mysteriöseste Ort, den man sich nur vorstellen konnte. Die hohen Mauern, die ihn umgaben, waren von den blattlosen Ranken der Kletterrosen bedeckt, die ein dichtes Flechtwerk bildeten. Mary Lennox wusste, dass es Rosen waren, weil sie viele davon in Indien gesehen hatte. Der Boden war von Gras in winterlichem Braun bedeckt und aus diesem wuchsen Büsche, die sicher Rosenbüsche waren, wenn sie nur lebten.

Da gab es einige ganz normale Rosen, die ihre Zweige so ausbreiteten, dass sie eher an Bäume erinnerten. Es gab auch andere Bäume im Garten, und eines der seltsamsten und schönsten Dinge war, dass die Kletterrosen sie so überwuchert hatten, dass ihre Ranken wie leicht schaukelnde Vorhänge von ihnen herunterhingen. Hier und da hatten sie nacheinander oder nach einem ausladenden Ast gegriffen und sich so von einem Baum zum anderen bewegt, indem sie wunderschöne Brücken bildeten. Es waren weder Blätter noch Rosen an ihnen, und Mary wusste daher nicht, ob sie noch am Leben waren, doch ihre dünnen grau-braunen Zweige und Reise wirkten wie eine Art schemenhafter Mantel, der alles bedeckte: Mauern, Bäume und sogar das braune Gras, dort, wo sie sich aus ihren Befestigungen gelöst hatten und über den Boden liefen. Es war dieses schemenhafte Gewirr von Baum zu Baum, das alles so geheimnisvoll wirken ließ. Mary dachte, es müsste anders sein als bei anderen Gärten, die man sich nicht so lange selbst überlassen hatte; und tatsächlich war es ganz anders als jeder andere Ort, den sie je gesehen hatte.

„Wie still es ist", flüsterte sie. „Wie still!"

Dann wartete sie eine Weile und lauschte in die Stille. Das Rotkehlchen, das auf seine Baumkrone geflogen war, war ebenso still wie alles andere. Es flatterte nicht einmal mit den Flügeln; es saß bewegungslos und schaute Mary an.

„Kein Wunder, dass es still ist", flüsterte sie wieder. „Ich bin die erste Person seit zehn Jahren, die in diesem Garten gesprochen hat."

MAGDALENE PHILIPPINE ENGELHARD

# Im Garten

Hier harr ich des Lieben, dem ich mich versprach,
Gern will ich noch harren den übrigen Tag.
Zu eilig kann schaden – o Gott! das sey fern!
Fein langsam, mein Liebchen, ich warte ja gern.

Zwar schwanden die Blumen fast alle dahin,
Und Hecken und Bäume verwandeln ihr Grün;
Doch blau ist der Himmel – die Sonne so rein –
Wie können uns doch noch des Gartens erfreun.

Bald schaffst du zum Tempel der Liebe ihn um,
Schlingt fest sich mein Arm um den deinen herum.
Dann träum' ich mir Blumen und Blüten voll Duft,
Und schmeichelnd umweht mich die herbstliche Luft.

Dort sprengt er heran! – Welche Wolk von Staub!
Mich schwindelt – ich zittre, wie um mich das Laub!
Zur Laube komm schnell! sie lädt flüsternd uns ein,
In ihrer Umschattung uns küssend zu freun!

ELIZABETH VON ARNIM

# Blütenpracht
# im Frühling

Wie glücklich war ich! Niemals seit den Tagen, als ich noch zu klein war für den Unterricht und mit meinem zuckerbestreuten Elf-Uhr-Brot auf den Rasen hinausgeschickt wurde, der dicht übersät war von Löwenzahn und Gänseblümchen, niemals habe ich eine so vollkommene Zeit erlebt. Der Zucker auf dem Butterbrot hat seinen Reiz verloren, aber Löwenzahn und Gänseblümchen liebe ich sogar noch leidenschaftlicher als damals, und niemals könnte ich es mitansehen, daß sie alle abgemäht würden, wüßte ich nicht sicher, sie strecken alsbald wieder ihr Gesichtchen nach oben, genauso keck wie eh und je. Während jener sechs Wochen lebte ich in einer Welt von Löwenzahn und eitel Wonne. Der Löwenzahn bedeckte wie ein Teppich die drei Rasenflächen – einst war es Rasen, er ist aber seit langem zur Wiese erblüht mit allerlei hübschem Unkraut –, und unter und zwischen den Gruppen kahler Eichen und Birken wuchsen scharenweise blaue Leberblümchen, weiße Anemonen, Veilchen und Scharbockskraut. Letzteres entzückte mich besonders mit seinem gefälligen frohen Glanz, so adrett hübsch und frisch lackiert, als hätten auch bei ihm die Anstreicher ihr Werk getan. Als dann die Anemonen verschwunden waren, tauchten vereinzelt Immergrün und Weißwurz auf, und wie auf einen Schlag erblühten all die Vogelkirschen. Und dann, noch ehe ich mich ein wenig an die Freude über ihre Blütenpracht vor dem weiten Himmel gewöhnt hatte, erschien der Flieder – ganze Heerscharen Flieder: in Büscheln über den Rasen verstreut, zusammen

mit anderen Sträuchern und Bäumen längs der Wege, und ein
großer zusammenhängender Fliederwall zog sich gleich hinter
der Westfassade des Hauses dahin, eine halbe Meile lang, soweit
der Blick reichte, und hob sich herrlich gegen den Kiefernhinter-
grund ab. Als dann auch noch, kurz bevor alles vorbei war, die
Akazien ihre Blüten zeigten und vier große Büsche blasser silber-
rötlicher Pfingstrosen unter den Südfenstern aufblühten, war ich
so überglücklich, so selig und dankbar, wie ich es gar nicht schil-
dern kann. Meine Tage schienen in einem Traum rosaroten und
purpurnen Friedens dahinzuschmelzen.

ANNETTE VON DROSTE-HÜLSHOFF

# Der Abend, der Gärtner

Rötliche Flöckchen ziehen
Über die Berge fort,
Und wie Purpurgewänder,
Und wie farbige Bänder
Flattert es hier und dort
In der steigenden Dämmrung Hort.

Gleich einem Königsgarten,
Den verlassen die Fürstin hoch –
Nur in der Kühle ergehen
Und um die Beete sich drehen
Flüsternd ein paar Hoffräulein noch.

Da des Himmels Vorhang sinkt,
Öffnet sich der Erde Brust,
Leise, leise Kräutlein trinkt,
Und entschlummert unbewußt;
Und sein furchtsam Wächterlein,
Würmchen mit dem grünen Schein,
Zündet an dem Glühholz sein
Leuchtchen klein.

Der Gärtner, über die Blumen gebeugt,
Spürt an der Sohle den Tau,
Gleich vom nächsten Halme er streicht
Lächelnd die Tropfen lau;

Geht noch einmal entlang den Wall,
Prüft jede Knospe genau und gut:
„Schlaft denn", spricht er, „ihr Kindlein all,
Schlafet! ich laß euch der Mutter Hut;
Liebe Erde! mir sind die Wimper schwer,
Hab' die letzte Nacht durchwacht,
Breit *wohl* deinen Taumantel um sie her,
Nimm *wohl* mir die Kleinen in acht."

## BETTINA VON ARNIM

# Nicht wahr, die Gärten waren schön

*Aus: Goethes Briefwechsel mit einem Kinde*

Nicht wahr, die Gärten waren schön! – Zauberisch! Da unten sammelte sich das Wasser in einem steinernen Brunnen, der von hohen Tannen umgeben war; dann lief es noch mehrere Terrassen hinab, immer in steinerne Becken gesammelt, wo es denn unter der Erde bis zur Mauer kam, die den tiefsten alle andere Gärten umgebenden einschloß, und von da sich ins Tal ergoß, denn auch dieser letzte Garten lag noch auf einer ziemlichen Höhe; da floß es in einem Bach weiter, ich weiß nicht wohin. So sah ich denn von oben hinab seinem Stürzen, seinem Sprudeln, seinem ruhigen Lauf zu; ich sah, wie es sich sammelte und kunstreich emporsprang und in feinen Strahlen umherspielte; es verbarg sich, es kam aber wieder und eilte wieder eine hohe Treppe hinab; ich eilte ihm nach, ich fand es im klaren Brunnen von dunklen Tannen umgeben, in denen die Nachtigallen hausten; da war es so traulich, da spielte ich mit bloßen Füßen in dem kühlen Wasser. – Und dann lief's weiter verborgen, und wie es sich außerhalb der Mauer hinabstürzte, das sah ich mit an und konnte es nicht weiter verfolgen, ich mußte es halt dahinlaufen lassen. – Ach, es kam ja Welle auf Welle nach, es strömte unaufhaltsam die Treppe hinab; der Wasserstrahl im Springbrunnen spielte Tag und Nacht und versiegte nimmer, aber da, wo es mir entlief, da grade sehnte sich mein Herz nach ihm, und da konnte ich nicht mit; und wenn ich nun Freiheit gehabt hätte und wäre mitgezogen durch alle Wiesen, durch alle Täler, durch die Wüste! – Wo der Bach mich am End hingeführt haben möchte!

Ja Herr, ich sehe Dich brausen und strömen, ich seh Dich kunstreich spielen, ich sehe Dich ruhig dahin wandeln, Tag für Tag und plötzlich Deine Bahn lenken hinaus aus dem Reich des Vertrauens, wo ein liebendes Herz seine Heimat wähnte, unbekümmert, daß es verwaist bleibe.

So hat denn der Bach, an dessen Ufern ich meine Kindheit verspielte, mir in seinen kristallnen Wellen das Bild meines Geschickes gemalt, und damals hab ich's schon betrauert, daß die mir sich nicht verwandt fühlten. O komm nur, und spiel meine Kindertage noch einmal mit mir durch, Du bist mir's schuldig, daß Du meine Seufzer in Deine Melodien verhallen läßt, solange ich nicht weiter gehe, als meine kindliche Sehnsucht am Bach; die es auch geschehen lassen mußte, daß er sich losriß und sich energische Bahn brach in die Fremde. – In der Fremde, wo es gewiß war, daß mein Bild sich nicht mehr in ihm spiegelte.

ROSE AUSLÄNDER

# Holdes Wunder einer Blume

Holdes Wunder einer Blume!
Bebend steigt ihr zarter Flaum
Aus der braunen Mutterkrume
Auf, ein duftgewebter Traum.
Auf dem schlanken Stengelstamme
Glüht das samtne Rosenhaupt.
Dieses Sommers wilde Flamme
Hat die Trunkene geraubt!

Großes Wunder einer Liebe!
Aus dem Dunkel, aus dem Nichts,
Aus der Wirrnis dumpfer Triebe
Bricht ihr Wesen tiefen Lichts.
Ihrer Sehnsucht Blütenschale
Ist von Sternenduft gefüllt,
Und aus jedem Augenstrahle
Sprüht des Liebsten Ebenbild.

JULIA KOSPACH

# Das Gartenspiel

Am Anfang ist ein Garten nicht mehr als ein Raum voller Ideen und Träume. Eine diffuse Sehnsucht nach Farben, Gerüchen, Blüten und Mustern. Um dieses Traumbild legt sich mit der Zeit der Rahmen des Möglichen. Am ehesten gleicht das Anlegen eines Gartens wahrscheinlich dem Schreiben eines streng formalen Gedichts, dessentwegen man sich freiwillig Beschränkungen unterwirft: Die Form, in die sich der Gärtner fügt, besteht aus der Landschaft, in der er seinen Garten anlegt, aus dem Klima und der Beschaffenheit der Erde, in die er seine Pflanzen setzt. Die Pflanzen entsprechen in diesem Bild den Worten des Gedichts. Wie diese füllen sie die durch die Umgebung eines Gartens festgelegte Form aus. Der Gärtner ist frei, den Grundton zu wählen, in dem sein Garten erklingen soll. Er wählt den Rhythmus, in dem Licht und Schatten aufeinandertreffen, das Zusammenspiel von Gerüchen und Farben, von Blattwerk und Blüten. Die Form bedeutet keine Einschränkung der gärtnerischen Phantasie. Im Gegenteil: Sie führt zu Konzentration, Stil und Dichte. In diesem Licht besehen, wird aus der Arbeit im Garten ein Kunsthandwerk, ein Spiel mit Regeln, innerhalb derer sich der Garten entwickelt. In einem Garten ist nie alles möglich. Deshalb ist das Ziel des Gärtners auch nie die Annäherung an das Unmögliche, sondern er macht das äußerst Mögliche zum Ideal. Die Entstehung eines Gartens unter diesen Vorzeichen ist das Anregendste überhaupt. „Nicht der Gärtner ist es, der der Natur einen Garten abgetrotzt hat, sondern der Garten hat sich einen Gärtner gefunden, der an seinem Zustandekommen leidenschaftlich interessiert ist", schreibt die Österreichische Schriftstellerin Barbara Frischmuth. Das ist die erste Lektion, die Pflanzen ihren Freunden erteilen.

Kein im Garten verbrachter Tag vergeht ohne lange Momente, in denen man völlig von sich selbst absieht. Auch wenn man einen Garten nur kurz durchwandert, geschieht das. Arbeitet man darin, wird diese Wirkung noch verstärkt. Es ist wie ein Abtauchen in ein Universum, in dem die Selbstbetrachtung an Bedeutung verliert. An ihre Stelle tritt die Betrachtung eines Ortes und seiner Pflanzen. Dieses Abgleiten geht sanft, unmerklich vor sich, es scheint nichts Geheimnisvolles daran zu sein, und trotzdem strahlt es zurück auf das Ich, das sich gerade in den Gedanken oder im Kümmern um eine Pflanze verloren hat. In Momenten selbstvergessener Gartenarbeit wird der Garten zu einer ganzen· neuen Welt: neu bevölkert, neu beschaffen, mit neuen Regeln und Möglichkeiten und mit einem neuen Zeitgefühl. Es ist wie in dem Kinderbuch von Maurice Sendak „Wo die wilden Kerle wohnen", das mit den Sätzen beginnt: „An dem Abend, als Max seinen Wolfspelz trug und nur Unfug im Kopf hatte, schalt seine Mutter ihn. „Wilder Kerl!" – „Ich fress dich auf", sagte Max, und da mußte er ohne Essen ins Bett. Genau in der Nacht wuchs ein Wald in seinem Zimmer – der wuchs und wuchs, bis die Decke voll Laub hing und die Wände so weit wie die ganze Welt waren." Ein Garten funktioniert wie dieses Kinderzimmer. Was immer der Unfug war, den man beim Eintreten im Kopf gehabt haben mag, der Garten ist der Ort des Gedankenwechsels. Seine Grenzen – egal, wie klein er sein mag – dehnen sich immer weiter ins Unendliche. Das langsame Lebenstempo des Gartens überträgt sich auf die, die sich in ihm bewegen. Darin liegt eine große Qualität und Befriedigung.

MARIE LUISE KASCHNITZ

# Die Winde

Sieh welch ein Wunder gelang
Des Gärtners Hand,
Der um den strebenden Stamm
Die Winde band.

Schimmernde Blüte er fand
Spät noch im Jahr
Schwebend auf grünem Gerank
Schmetterlingsschar.

Kühl in dem flammenden Kreis
Zartester Kern
Blau wie die Spalte im Eis
Zitternder Stern.

Keiner der Blüten verwandt
Die bald zunicht.
Bote aus magischem Land
Quelle von Licht.

Sieh welch ein Wunder gelang
Des Gärtners Hand,
Der in vergänglichem Leib
Ewiges bannt.

THEKLA LINGEN

# Sommer

Sieh, wie sie leuchtet,
Wie sie üppig steht,
Die Rose –
Welch satter Duft zu dir hinüberweht!
Doch lose
Nur haftet ihre Pracht –
Streift deine Lust sie,
Hältst du über Nacht
Die welken Blätter in der heißen Hand ...
Sie hatte einst den jungen Mai gekannt
Und muss dem stillen Sommer nun gewähren –
Hörst du das Rauschen goldener Ähren?
Es geht der Sommer über's Land ...

ALMA DE L'AIGLE

# *Löwenzahn*

An anderen Stellen im Garten, an nahrhafteren, wuchs der sonnenhafte Löwenzahn, von uns Kindern Hundeblume genannt. Wir pflückten die hohlen Stengel und fügten sie zu Ringen zusammen, indem wir das obere engere in das untere weitere Ende steckten. Manchmal spalteten Streifen ab, und es kam auf die Geschicklichkeit der Flechterin an, dies zu verhindern. Mit solchen Ketten behängten wir uns dann, und unsere gute Wäscherin Frau Rettenhausen konnte sich nachher abquälen mit den vielen braunen Flecken in unsern Kleidern, die von der Milch der Stengel herrührten.

Und dann, eines Tages, entdeckte ich die Schönheit dieser Pflanze: wie die Blätter mit den Löwenzähnen am Rande sich von der Mitte aus ins Rund breiteten, – immer wieder nachwachsend aus kleinen filzigen Röllchen, – wie sie sich so sorgfältig ausspreiteten, daß jedes Sonne genug bekam; wie in der Mitte die Stengel der Blüten aufstiegen, deren Knospen zuerst als graugrün befilzte Kügelchen im Schutz der inneren Blätter ruhten, wie sie dann sich hoben mit ihren Stielen, sich erschlossen und ihre kleinen Blütensonnen der großen Sonne entgegenstreckten.

So wie ich in früher Kindheit das milde traumhafte Violett in der Plüschdecke der Großmutter geliebt hatte, das ich in den bläulichen Skabiosen wiederfand, dies zarte und doch tiefe Lavendelblau, das als einzige Farbe sowohl Wärme wie Kühle enthält, – so überkam mich, als ich größer wurde, eines Sommers die Liebe zu diesem herrlichen Gelb, das ohne Vorbehalt, ohne Träumerei ausstrahlt und beglückt.

Aber meine Liebe war nicht einfach genießend, sie war begehrend. Was ich liebte, wollte ich besitzen, und so ging ich daran, die schönsten Löwenzahnpflanzen mitten in der Blüte auf mein

Beet zu setzen. Sorgfältig grub ich die lange Pfahlwurzel aus und
wieder ein, begoß reichlich und war stolz auf mein Werk. Die Ge-
schwister und Erwachsenen lachten, als sie meine neue Anpflan-
zung entdeckten: Habt ihr gesehen, Alma pflanzt Unkraut auf ihr
Beet! Ich hielt nur um so stärker zu meiner verkannten Schönen.
Aber als ob die Mißgunst recht behalten sollte: Am Nachmittag
schon hatten die Blütensonnen sich müde geschlossen, die muti-
gen Stengel hingen schlaff, die Blätter der schönen Rosette krillten
sich zusammen, obgleich ich so reichlich gegossen hatte. Ich sah
es ein: Das Sonnenhafte, das man liebt, darf man nicht besitzen
wollen; man muß ihm seinen ihm eigenen Platz gönnen, zu ihm
hingehen und sich dort von seiner Schönheit beschenken lassen.

EVA STRITTMATTER

# Sabah

Neunundsiebzig Rosensträucher
Habe ich in meinem Garten.
Allerlei vertrackte Sorten:
Über-Unter-Nebenarten.

Nicht mal weiß ich, wie sie heißen.
Ich bin keine Gärtnerin.
Doch die Namenlosen reißen
Mich zum Namengeben hin.

Porzellanenweiße Schöne
Mit den morgenroten Rändern,
Rein wie erstgedachte Töne:
Nicht in südlich reichen Ländern

Habe ich dich je gekannt!
Erst mein träumerisches Mühen
Ließ aus unserm armen Sand
Morgenröte auferblühen.

Morgenröte sei der Name!
Sabah will ich sie benennen!
Neunundsiebzig Rosenseelen
Solln in meinen Namen brennen.

BETTINA VON ARNIM

# Abschied von einem Garten

*Aus: Die Günderode*

Ich war heut drauß bei der Großmama, sie war allein, den ganzen Nachmittag, und wir sprachen erst von Dir, die Großmama war einen Augenblick beschäftigt, so lief ich in den Garten, um ihn nach langer Zeit wiederzusehen, aber wie war ich da erschrocken, wie ich auf die Hoftreppe kam, ich erkannte den Garten nicht wieder; denke! – Die hohe schwankende Pappelwand, die himmelansteigenden Treppen, die ich alle wie oft hinangestiegen bin, um der Sonne nachzusehen, um die Gewitter zu begrüßen, durchgeschnitten! – Zwei Drittel davon in grader Linie abgesägt! – Ich wußte nicht, wie mir geschah, und alles will ich gern begreifen und lernen, was soll mir das schaden, aber diese Pappeln, die Zeugen meiner frühsten Spielstunden, die mich als Kind von drei Jahren mit ihren Blüten beregneten, in die ich hinaufstaunte, als ob ihre Höhe in den Himmel reiche. Ach was soll ich dazu sagen, daß die als Stumpfe mit wenig Ästen noch versehen nebeneinander stehen, gemeinsamen Schimpf und Leid tragend. Ach ihr Baumseelen, wer konnte euch das tun? – Nun ziehen alle frühen Kindheitsmorgen an mir vorüber, wo ich ihre Wipfel von weitem im Gold glänzen sah, und daß sie mir winkten, ich soll mich eilen und kommen, und wie hab ich oft ihre jungen Blättchen betrachtet und keins abgebrochen je! – Ach, es schneidet mir ins Herz – es war, als könnten sie nicht mehr sprechen, als sei ihnen die Zunge genommen; denn sie können ja nicht mehr rauschen.

So war ihr Stummsein eine bittere, bittere Klage zu mir, die ich
ewig mit mir herumtragen werde und keinem sagen als nur Dir. –
Du weißt, wie Du oft sagtest, wenn wir da gingen, daß ihr Rauschen mitspreche, und wie sie uns absonderten von der ganzen
Welt, und wie sie einen Dom über uns bauten, und gegenüber
die hohe Rosenhecke, die über die Wand vom Boskett herein-
schwankte, die steht jetzt auch ohne Schutz, und die Nachtigallen, die das heilige Dunkel gewohnt waren, wie wird's da sein,
wenn die im Frühjahr wiederkommen! – Ach, ich bin betrübt darüber. – Die Kindertage, wo ich dort mit dem reinlichen Kies spielte und mit rosenfarbnen Steinchen und schwarzen und gelben
bunte Reihen um ihre Stämme legte! – Und konnte so versteckt
hinüberklettern ins Boskett, wie kann einem doch das Paradies,
wo die Seele all ihren Zauber einpflanzt, so jämmerlich zerstört
werden? – Aber bedaure Du mich nur nicht; denn hör nur, – als ich
zurückkam zur Großmutter – sah ich blaß und zerstört aus, und
sie sah wohl die Spuren von meinen Tränen. – Sie sah mich an ein
Weilchen – und sagte: „Du warst im Garten?" – Da reichte sie mir
die Hand. – Was sollt ich sagen? – Ich schwieg und sie auch. – Sie
sagte: „Ich werd wohl nicht mehr lang leben!" – Ich wagte nichts
zu sagen – aber bald darauf machte sie das Nebenzimmer auf,
von wo man nach dem Garten sieht, und sagte: „Das Rauschen
im Abendwind war meine Freude, ich werd's nicht mehr wieder
hören, ich hätt mir's lassen gefallen, wenn ich unter ihrem Rauschen am letzten Abend wär eingeschlafen! Sie hätten mir diesen
feierlichen Dienst geleistet, die lieben Freunde, die ich jeden Tag
besuchte, die ich mit großer Freude hoch über mir sah; – du hast
sie auch geliebt, es war dein liebster Aufenthalt – ich hab dich oft
vom Fenster sehen in ihrem Wipfel abends steigen, und glaubtest,
es säh es niemand – nimm meinen Segen, liebes Kind, ich hab
an Dich gedacht, wie man sie trotz der schmerzlichen Verletzung
meiner Gefühle verstümmelte." – Ich wagte nicht zu fragen, wer
die Schuld trüge; denn das wär zu kränkend für die Großmama
gewesen, und ich wußte auch gleich, daß nur aus grausenhaf-
tem Philistersinn solche Untat geschehen konnt; denn der ahnt
nicht die tiefsten Wunden, der hält alles für Empfindelei, was mit
den geheimsten geistigen Bedürfnissen zusammenhängt; – wie
könnte der eine wahrhafte Liebe denken zu einem leblosen Ding;
denn so nennt der Philister die Pflanzen, die Bäume, die ganze
Natur, – wie könnte *der* ahnen, daß ein höchst geistiger Umgang
mit ihren schönen untadeligen Erzeugnissen stattfinden könne? –
Ein Wechseltausch von Empfindungen, der eine reine Leidenschaft zu ihr nährt und beglückt, – wie könnte dem je begreiflich

werden, daß ein innerliches Dasein sich in sie überträgt, und daß, während die ganze Welt vergeblich unter Mitgeschöpfen herumschwärmt, von Liebe, von Freundschaft faselt, der beglückte Besitzer eines Baumes, der vor seiner Tür steht, in ihm den Freund gefunden hat. –

Die alte hundertjährige Bas kam mir vor der Tür auch damit entgegen: „Ist's nicht barbarisch? – Und daß die Großmama stillschweigt dazu, – wärst du nur hier gewesen, es wär nicht geschehen." –

Ich bin noch einmal in den Garten gegangen, wie es dunkel war; denn am Tag hingehen schien mir beleidigend für die edlen Bäume; – ich hab Abschied genommen vom Garten, ich mag nicht wieder hineingehen. – Ich hab auch den Gärtner besucht im Boskett, der sagte mir, es habe ihn sehr betrübt, daß diese Bäume abgehauen wären, er habe so manches sich immer gedacht dabei, jetzt könne er nichts mehr von ihnen sehen und hätt auch die Lust verloren, die Rosenhecke zu pflegen. – „Nun!" – sagte ich, „aber in Gedanken können wir immer alles sehen, was wir lieb haben?" – Das gab er zu. – „So gebt doch auch die Rosenhecke nicht auf, je höher sie wächst, je mehr könnt Ihr Euch dabei denken, daß im Gedächtnis alles Schöne fortblüht." – Das bewilligte er mir, und er meinte, ich solle gewiß nicht klagen, daß er sie versäumt hätte, wenn ich wieder käm. – Im Gärtner liegt wahres Genie zu einem solchen Umgang mit seiner Umgebung in der Natur. –

Noch kurz, eh ich mit Dir bekannt war, hab ich manchmal oben in dem Baumwipfel meine Stimmungen über die Naturerscheinungen aufgezeichnet; so kindisch und unvermögend mich auszusprechen, ich hab sie in einer Mappe aufgehoben, da schreib ich Dir eines auf zur Gedächtnisfeier.

ELISABETH LANGGÄSSER

# Öffnet mir den Jahreskreis

Öffnet mir den Jahreskreis,
Springwurz, Farn und Moose,
Nordwind laut und Südwind leis,
Blüten voll von süßem Schweiß,
Gift und Tau
Silberblau –
Denn ich heiße Rose.

Keines Bienenleibs Gewicht
Lag mir noch im Schoße,
Als mich weckte jenes Licht,
Das mich sah – ich sah es nicht –
Und mich hieß,
Mich entließ
Mit dem Namen Rose.

Spielend sprang ich vor ihm auf,
Schloß Pandoras Dose,
Blatt um Blatt wuchs hoch zu Hauf,
Überdrang der Narbe Knauf,
Ihrer Sucht
Feuerfrucht
Die da nicht heißt Rose.

Holder Brüste hundert Paar,
Trug ich, Kinderlose,
Bis der Samenfülle Schar
Euch, verwandelt, mitgebar:
Weltengrund,
Sternengrund,
In dem Namen Rose.

## LOUISE OTTO

# Und wieder sind aus grüner Blätterfülle

Und wieder sind aus grüner Blätterfülle
Viel Blumen zauberhaft hervorgeeilt,
Sie drängen sich heraus in Pracht und Fülle
Als hätten sie zu lang versteckt geweilt,
Und schauen auf, so wie vom Meeresgrund,
Dem grünen, holde Feen sich erheben
Und lockend grüßen, grüßt der Blumenmund
Und läßt statt Seufzer süße Düfte schweben. …

PAULA LUDWIG

# Am Abend fing die rosa Hyazinthe

Am Abend fing die rosa Hyazinthe
Süß zu duften an
Und unaufhaltsam entströmte ihr die Seele.

Nie wieder kehrte sie zurück zur welken Blüte.

Wer aber klagte über dies –

Nur mit Entzücken erinnern wir uns ihrer
Um zu sagen
O wie unvergeßlich süß
Die rosa Hyazinthe duftete an jenem Abend.

RICARDA HUCH

# Das Gärtchen am Vaterhaus

*Aus: Jugendbilder*

Wenn ich die Bilder meines Lebens beschwöre, steigt als erstes in meiner Erinnerung mein Großvater auf, der ein ganz kleines Ding, mich, an der Hand hält. Wir sind in einer schimmernden Sphäre eingeschlossen, als wären wir außerhalb von Zeit und Raum, und vielleicht ist das etwas Ewiges: das Kind an der Hand des Vaters, der Mutter, wie in der Hand Gottes geborgen. Für mich gab es wohl kaum einen Unterschied zwischen Gott und meinem Großvater, dem unwandelbar gütigen, freundlichen. Schwebt das Bildchen frei im Raume, so weiß ich doch, daß wir in dem Garten standen, der zu meinem Vaterhause gehörte und der für mich das Paradies war. So deutlich sehe ich den Garten vor mir, daß ich ihn Strauch für Strauch und Blume für Blume beschreiben könnte. Von der Rückseite des Hauses führte eine steinerne Treppe auf einen freien Platz, wo wir, als wir erwachsen waren, Croquet spielten. Zwei durch einen Weg getrennte und von Wegen umrandete Rasenstücke teilten die Hauptmasse des Gartens in zwei Hälften. In den Saum des vorderen Rasenplatzes waren drei Beete eingeschnitten, die uns Kindern gehörten, das meinige war in der Mitte. Im Frühling trug es Tulpen, kleine dunkelrote, die wie Flämmchen aus der Erde sprangen, und buntgestreifte Papageientulpen, die etwas Märchenhaftes an sich hatten, im Sommer Rosen, von denen einige fast schwarz und wie von Sammet waren. Dahinter war der Rasen durch einen Turnplatz unterbrochen, den mein Vater hatte anlegen lassen; es gab da ein Reck, einen Barren, eine Schaukel und einen Rundlauf. Die Schaukel war schön, aber mehr noch liebte ich den Rundlauf: wenn man zu vieren daranhing und er recht in Schwung kam, war es wie Fliegen, eine unbändige Lust. Die Turngeräte verfielen, als wir größer waren, in Regen und Schnee wurden sie morsch, und niemand dachte daran, sie zu erhalten. Wir spielten dann auf dem Platz Boccia. Um den Turnplatz herum standen Birnbäume, von denen der eine etwas fade längliche, der andere sehr gute runde Birnen trug. Außer diesen gab es noch mehrere andere Birnbäume. Im Herbst lagen so viele verschiedenartige Birnen herum, daß jeder von uns essen konnte, soviel er vermochte, und immer noch übrigblieben. Tiefer im Garten wuchsen Stachelbeeren und Johannisbeeren. Irgend jemand hatte uns Kinder einmal vor unreifen Stachelbeeren gewarnt mit den Worten, der Tod sitze darin. Da nun das Innere der Stachelbeere wie ein kleines beinernes Gebilde anzusehen ist, dachte ich, das sei der Tod, und betrachtete es nicht ohne Grauen; lange behielt die Stachelbeere etwas Dämonisches für mein Gefühl. Von den Johannisbeeren wurden wir nicht zurückgehalten, und wenn man im Hochsommer meinen Bruder und mich suchte, waren wir sicher „in den Johannisbeeren". Immerhin waren mir die Blumen nicht weniger wichtig als die Früchte.

Es war ein Fest, wenn die ersten Schneeglöckchen sich unverdrossen aus der Erde hervorgearbeitet hatten, die grünen Spitzen erschienen als die Herolde einer glücklichen Zeit. Doch die Blume trat zurück hinter dem weißen, blauen und gelben Krokus, geisterhaften Fremdlingen zwischen den saftigen Erdgewächsen. Besonders freudig begrüßt wurde das erste Veilchen. Den Schneeglöckchen, die sich oft schon Ende Februar zeigten, folgte noch Kälte und Schnee, mit dem Veilchen kam der Frühling endgültig. Seine Farbe und sein Duft zeugten von Fülle, von allverbreiteter Lebenswärme. Daß die Veilchen nicht auf Beeten, sondern am Wegesrande und mitten im Rasen, wohin sie gar nicht gehörten, blühten, erhöhte ihren Reiz. Bald nach ihnen fing es von allen Seiten übermäßig zu blühen an. Flieder, Schneeball und Goldregen, gleichzeitig aufgetan, gaben ein Gefühl vom Überfluß der Natur: sie verschwendete aus unerschöpflichem Füllhorn. Auf dem hinteren Rasenplatz waren zwei Beete mit Geranien, Heliotrop und Verbenen. Die Verbenen hatten Farben von prächtiger Glut, scharlachrot und dunkelviolett, doch waren sie zurückhaltend und ein wenig schwermütig; sie kamen aus der Mode und waren lange nicht mehr in Gärten zu finden. Lilien und Rosen bezeichneten die Höhe des Sommers. Außer den Rosen auf den Beeten gab es Rosensträucher verstreut auf den Rasenplätzen, rosa Califolien und ganz weiße, ohne einen Hauch von Farbe, die man, glaube ich, Kirchhofsrosen nennt. Lieber noch als die Rosen war mir der Rotdorn, der wie der Krönungsmantel des Sommers über das Gebüsch rauschte.

Ihm gegenüber stand der Tulpenbaum mit seinen exotischen Blumenkelchen, daneben die Pyramideneiche. Wenn man sie im Mai eines Maikäferjahres schüttelte, fielen die Käfer leise prasselnd herunter. Wir unterschieden Müller, Schuster und Könige, je nachdem die Maikäfer ein weißes, schwarzes oder rotes Schildchen am Kopfe hatten; sie gehörten zu dem Spielzeug, das uns der Garten lieferte. Gut verwendbar zum Spielen war das seltsame Blütengespinst des Perückenbaumes, dessen Blätter, wenn sie zerrieben wurden, einen würzigen Geruch ausströmten. In dichtem Gebüsch versteckt, als wäre es ein unnahbares Heiligtum, stand eine Ölweide. Sie hatte schmale, spitze, silberne Blätter und ganz kleine zitronengelbe Blüten, von denen der süßeste Geruch ausging, den ich kenne. Ihr Stamm war uralt, verwachsen und gespenstisch, wie es die Art der Weiden ist. In der Zeit, als ich in Wien meinen Mann kennenlernte, ging ich einmal, es war im Frühling oder Sommer, an einem Garten vorbei, aus dem ein eigentümlicher Duft mich anwehte, so daß ich stehenbleiben mußte. Warum erschütterte der Duft mein Herz so tief? Immer wieder zog es mich zu dem Garten, bis mir einfiel, daß es der Duft der Ölweide war, dem ich seit meiner Kinderzeit nie mehr begegnet war. Damals war es erst etwa ein Jahrzehnt, seit ich unseren Garten verlassen hatte; aber es kann sein, daß die Ölweide schon lange vorher verdorrt war, denn der Geruch kam aus meiner frühen Kinderzeit. Ganz am Ende des Gartens hob sich der Boden zu einer Anhöhe, die fünf mächtige Kastanien krönten, weiße und rote. Sie waren nicht weniger väterlich Gaben austeilend als die Birnbäume. Ihre gefingerten Blätter ließen sich verschiedenartig auszupfen, und ihre Früchte, die im Spätsommer abfielen, waren ein begehrter Schatz. Zu sehen, wie die stachelige Kugel wuchs, wie sie zuerst grasgrün war, immer bräunlicher wurde, endlich platzte und den blanken getigerten Kern zeigte, das war eine spannende Unterhaltung. Dann die Erscheinung der Bäume selbst, die majestätische Kuppel und die feierlich lieblichen Kerzen, die an Weihnachten erinnerten! Nahe beim Turnplatz standen zwei oder drei Zypressen, von uns Lebensbäume genannt. Sie bedeuteten mir, soweit ich mich erinnere, nichts, solange ich klein war, erst später, in meinen sogenannten Übergangsjahren, zogen sie mich an, setzte ich mich gern zu ihnen und machte Gedichte. Meiner Mama, die einen Widerwillen gegen alles Sentimentale hatte, mißfiel das, und sie ließ es mich merken, was meinen schwärmerischen Gemützustand noch mehr trübte. Ich bildete mir ein, daß meine Mutter mich haßte, und kam mir sehr beklagenswert vor. Später, als diese Verfassung überwunden war, konnte ich meine Mama gut begreifen. Sie liebte das Heitere und Klare. Nicht daß sie nicht tiefer Gefühle, auch tiefer Trauer fähig gewesen wäre; aber sie hatte eine Abneigung gegen unangemessene Überschwenglichkeit, gegen das Unechte und Sinnlich-Trübe.

Bis der Winter uns vertrieb, hielten wir Kinder uns, namentlich mein Bruder und ich, die wir uns im Alter nahestanden, so viel wie möglich im Garten auf. Da ich erst mit neun Jahren in die Schule kam, gab es kaum etwas, das mich zurückhielt. Der Garten war der Schauplatz unserer Spiele. Wenn wir Besuch von anderen Kindern hatten, was häufig der Fall war, wurde meistens Räuber und Prinzessin gespielt. Dabei konnte man sich mit Laufen und Geschrei ordentlich austoben. In der Nähe des Hauses waren mehrere Nebengebäude, von denen zwei zur Aufnahme von Holz und Kohle dienten. Diese beiden wurden gern zum Versteckplatz gewählt, obwohl man aus dem Kohlenschuppen stark beschmutzt hervorzukommen pflegte. Ein anderes Spiel, welches Ecki hieß, ging um das Haus herum. Man stand dabei spähend an den Ecken des Hauses, es kam auf rasches Laufen an und war sehr aufregend. Ich mochte elf oder zwölf Jahre alt sein, als meine Mama erklärte, ich solle die wilden Jungenspiele nicht mehr mitspielen, es passe nicht mehr für mich. Im allgemeinen kam der Begriff des Sichnichtpassens selten bei uns vor, es wurde uns wenig in den Weg gelegt und ich konnte den plötzlich auftauchenden Erziehungseifer meiner Mutter nicht begreifen: Pedanterie stand ihr so gar nicht zu Gesicht, und dies Verbot konnte ich nur pedantisch finden. Warum machte man überhaupt einen Unterschied zwischen Mädchen und Jungen? Hatte ich bisher mit den Jungen gespielt, warum sollte es plötzlich nicht mehr passend sein?

Solange man klein war, mußte man früh zu Bett gehen; den abendlichen und nächtlichen Garten gab es erst später für mich. In München, wo ich ungefähr 25 Jahre lang gelebt habe, waren die Nächte meist kühl, man konnte auch in der guten Jahreszeit nicht lange draußen sitzen. In Braunschweig waren die warmen Sommernächte etwas Selbstverständliches. In den dunklen Büschen schlug die Nachtigall, der schwärmerische Ton mischte sich mit der weichen Luft und dem Geruch von Flieder und Jasmin.

## ELISABETH VON ÖSTERREICH

# Mein Zauberberg

Weiß einen Wundergarten,
So wunderinnig schön,
Der Blumen alle Arten
Vielduftig darin steh'n.

Magnolia und Rosen,
Reseda und Vanille,
Die lieblichen Mimosen
Im bunten Farbenspiel.

Großäugige Penseen
Und schlanke Fuchsias,
Durchsicht'ge Azaleen,
Vom Morgentau noch nass.

Die alle wuchern, ranken
Und blühen Tag und Nacht,
Als gäb' es keine Schranken
Für ihre Blütenmacht.

Und aus des Gartens Mitte
Ein Zauberberg sich hebt;
Ich fühl' mit jedem Schritte
Mich dort wie neubelebt.

Es flüstern seine Buchen
Geheimnisvoll mir zu. –
Nie ging vergebens suchen
Ich oben Heil und Ruh!

Die Felsen singen Lieder,
Der Epheu wird Gedicht,
Die Tannen rauschen wieder,
Was die Ciclame spricht.

Es geht ein Summen, Brausen
Den ganzen Berg entlang,
Als würden Nymphen hausen
Mit Zithern und Gesang.

O du mein Berg der Lieder!
O du mein Feenreich!
Voll Gaben steig ich nieder,
Aus deinem Waldbereich!

ROSE AUSLÄNDER

# Dornen

Wir haben Rosen
Gepflanzt
Es wurden Dornen

Der Gärtner
Tröstet uns
Die Rosen schlafen
Man muß auch
Seine
Dornenzeit lieben

## ELISABETH VON ÖSTERREICH

# O könnt' ich die Rosen nur raffen

O könnt' ich die Rosen nur raffen
Und duftenden weissen Jasmin,
Den rings sich der Frühling geschaffen,
Die heute dem Juni erblüh'n!
Ich wollte sie schichten und türmen
Hoch über den schlafenden Aar,
Erstickend das Wüten und Stürmen
Der Krähen wild tobender Schar.

## ADA CHRISTEN

# Nach dem Regen

Die Vögel zwitschern, die Mücken
Sie tanzen im Sonnenschein,
Tiefgrüne feuchte Reben
Gucken ins Fenster herein.

Die Tauben girren und kosen
Dort auf dem niedern Dach,
Im Garten jagen spielend
Die Buben den Mädeln nach.

Es knistert in den Büschen,
Es zieht durch die helle Luft
Das Klingen fallender Tropfen,
Der Sommerregenduft.

## KAROLINE RUDOLPHI

# An meine Reseda

Du da im Putze grüner Blätter,
Dich schuf der gütigste der Götter
Gewiß allein, allein für mich:
Wer schützt für dich den kleinen Garten?
Wer weiß dich zärtlicher zu warten,
Zu lieben mehr, als ich?

Ja liebes Bäumchen, dich zu pflegen,
Mit frischer Erde zu belegen,
Und immer, wenn dir Saft gebricht,
Aus jenem Quellchen dich zu tränken
Und sorgsam stets an dich zu denken,
Ist meine süße Pflicht,

Und soll es bleiben; denn wie Schwestern
Rief uns der gute Himmel gestern,
Heißt morgen welken mich und dich, –
Und – wollen wir uns weiter messen,
Wer lebt, wer stirbt einst so vergessen,
Als, Bäumchen, du und ich? –

## FRANCISCA STOECKLIN

# Schwertlilien

Das sind die Blumen, die wie Kirchen sind.
Ein Blick in sie hinein zwingt uns zu schweigen.
Wie Weihrauch fromm berauschend strömt ihr Duft,
Wenn wir uns zu der schönen Blüte neigen.

Sie sind wie Schmetterlinge dünn und zart.
Und wissen ihr Geheimnis doch zu hüten.
Es hellen goldne Kerzen sanft den Pfad
Ins Allerheiligste der Wunderblüten.

GERTRUD KOLMAR

# Garten

Mein wilder Wein singt rubinene Lieder.
Der braungoldne Abend wird blasser;
Draus träufen die Birken endlos hernieder
Wie springende Wasser.

Eine sanfte Hand malt mit dunklerm Getusch
Der Dahlie purpurnen Stern;
Goldraute lockert den schwebenden Busch,
Und die Bienen sind fern.

Das bebende Gras um meine Füße,
Gerne trät ich es nicht:
Verweint und kühl und voll Süße,
Ein Kindergesicht.

Die Beerensträucher wuchern, verrotten
Fahl und unform im Westen.
Schwerfällig lösen sich Bergamotten
Aus tragenden Ästen.

Die schwefelfarbige Rose erlischt,
Und große schwarztrauernde Frau
Steht eine Tanne am Himmel und fischt
Sterne im Grau.

Silberne Flosse zittert und blinkt
Um die Verdüsterte her.
Bläue rauscht, mein Garten versinkt,
Eiland, im Meer.

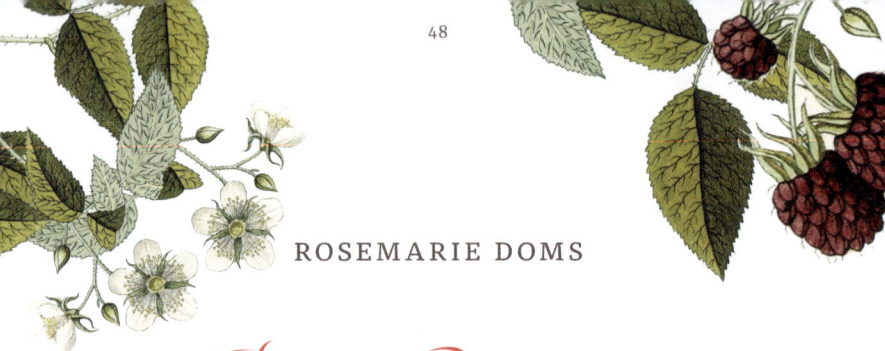

ROSEMARIE DOMS

# Der Garten meiner Kindheit

Es gibt ihn noch, den alten Garten meiner Kindheit, und es wird ihn weiter geben, auch über mein Leben hinaus. Viele Menschen zogen im Laufe der Jahre an ihm vorbei, beachteten ihn nicht, kehrten wieder zurück und wunderten sich. Er lag als letztes schmales Grundstück auf einem verlassenen Weinberghügel hoch über der Stadt und schaute auf den gegenüberliegenden Friedhof, jenseits des Tales. Hinter ihm begann der Wald mit seinen hohen Buchen und Tannen, die schon ihre knotigen Wurzeln ausstreckten, um ihn zurückzuholen. Noch stemmte sich der alte Zaun dagegen, in dessen löchriges Gitterwerk sich Brombeerranken geschoben hatten, die ihm mit ihrem dornigen Geflecht die verlorene Festigkeit zurückgaben.

Das vom Rost dunkelrot gebrannte Gartentor, mit seinen verschlungenen Stäben und geschmiedeten Verzierungen glich einer abgelegten Rüstung, wenn die späten Sonnenstrahlen darüber zitterten. Gleichzeitig verlockte die geschwungene Zierlichkeit seiner offenen Bögen dazu, die Nase hindurchzustecken und den Duft von Rosenblüten und wild wuchernden Lavendelkräutern einzuziehen. Das alte, von Wind und Sturm schon etwas nach innen gedrückte Tor war mit Eisenbändern in die noch erhaltene Weinbergmauer eingelassen, die sich in trotziger Verlässlichkeit, durch kein Lot, kein Winkelmaß zu lebloser Gleichheit gebändigt, in ihrer ganzen Buckligkeit steil aufrichtete und dem Hang ein stützendes Gerüst gab. Ihre unbehauenen, unregelmäßigen Steinbrocken und Quader, ohne Mörtel aufein-

ander geschichtet, hielten sich gegenseitig und trugen sich aus
eigener Kraft.

Jeder der Steine war einmalig, es gab keine Wiederkehr oder
ermüdende Wiederholung, ein jeder der Rohlinge war von anderer Größe und Gestalt, zeigte ein anderes Gesicht, eine andere
Lebensgeschichte. Ihre graue Oberfläche war geraut und mit
seltsamen reliefartigen Erhebungen überzogen. Oft glichen sie
einer alten Landkarte für Entdeckungsreisen und Seefahrten in
vergangene Zeiten der Erdgeschichte, und oft habe ich ihre Berge
und Krater mit meinen Fingern bereist. Aus den Fugen und Ritzen
zwischen den Mauersteinen, die mit Erdkrumen, Flugstaub und
Sandkörnern gefüllt waren, streckten sich blasse, geknickte Gras-
halme und winzige, zart gefiederte Adlerfarne ans Sonnenlicht
und warfen zaghafte Schatten auf die Mauer. Ihre Kümmerlichkeit
grenzte sie ab gegen rundliche samtartige Polster von grüngolden
glänzendem Moos und die vielen schiefergrauen, schilftrockenen
Flechten, die wie durchbrochene Rosetten oder kostbare Spitzen-
tücher auf der Mauer ausgelegt waren. Andere ihrer Gewächse
wirkten in ihrer Farbe und Form wie unversehrte Siegel auf einer
geheimnisvollen Verheißung. Die in den Steinen eingeschlossenen
Muschelsplitter, winzigen Quarzkristalle und Bruchstücke von
Schneckengehäusen verlockten mich immer, sie herauszubrechen
und verwundeten mir oft die Hände.

An sonnendurchleuchteten Tagen und in warmen Nächten öffnete die Mauer all ihre Poren und versteckten Kammern ganz
weit, um die Wärme einzuatmen und zu speichern. Manchmal
huschten goldschillernde Smaragdeidechsen über die besonnten
Steine oder graue Schneckenleiber mit ausgestreckten Fühlern so
lang wie Beine und geringelten Spiralen auf ihren Dachgehäusen
beklebten kriechend mit ihren schleimigen Strichen und Spuren
die gewölbte Mauer, die mich an ausgetretenes Kopfsteinpflaster
erinnerte. Diese alte, belebte Mauer war für mich aber auch wie
ein Hort und Zeuge zugleich für die vorüberziehende Zeit, die ihre
Zeichen in die Steine ritzte, damit die Mauer sie fassen und halten
konnte, um das brüchige Band zwischen gewesenen und künftigen Stunden weiterzuflechten.

Das alte, verrostete Gartentor war im Laufe der wiederkehrenden
Jahre schon leicht eingesunken, hielt aber trotzdem wie ein getreu-
er Wächter allen Versuchen, unbefugt einzudringen, ohne nach-
zulassen stand. Nur wenn man den langen Eisenschlüssel, dessen
Größe und Gewicht jeden Besucher daran hinderte, ihn jemals zu
vergessen, in das kastenförmige Schloss steckte und wie bei einer
alten Drehorgel langsam mit dem Gefühl einer behäbigen Zufrie-

denheit umdrehte, ließ sich die Türe öffnen. Mir war es immer, als ob alles Gewicht vergangener Zeiten sich in seine Mächtigkeit zurückgezogen hätte. Beim Aufschließen konnte ich wie bei einer alten Uhr mit meinen Fingern die Zeiger der Zeit verstellen, um einmal durch alle vergangenen und zukünftigen Stunden zu eilen, Anfang und Ende in einer kreisenden Bewegung zu verbinden. In meinen Kindertagen befiel mich aber auch oft eine scheue Furcht vor ihm, eine leise Angst, ihn zu berühren, über die ich mit niemandem sprechen konnte oder durfte. Er verwandelte sich in den großen Schlüssel von Petrus, dem himmlischen Torhüter mit seiner Verstoßungsgewalt und den geheimen Riten der Bestrafung. Wenn aber mit dem ausgestanzten Muster seines langen, gewellten Bartes aufgeschlossen wurde, holte mich das schleppende Scheppern, Ächzen und Knarren des verrosteten Türschlosses wieder zurück in die warme und lebendige Wirklichkeit der Gegenwart.

Die kerzengerade emporsteigende, schmalbrüstig enge Treppe wurde durch halbhohe seitliche Stützmauern aus unbehauenen Steinen wie von einem unsichtbaren Korsett noch weiter eingeschnürt, so dass die ausgetretenen, mit Moossitzen gefüllten Stufen immer nur von einem Menschen behutsam betreten werden konnten. Überhängende Halme von welkem Gras und widerständige Stängel von gelbknöpfigem Rainfarn verengten sie noch mehr, dass man wie durch einen spaltartigen Schacht sich zum überwölbenden Himmel durchschlängeln musste. Oft schien es mir auch, als stiege ich in einem offenen Turm Stufe für Stufe hoch bis zu den Wolken am Horizont. Ich liebte diesen schlauchartigen Aufgang, der trotz oder gerade wegen seiner Beengung eine schützende Geborgenheit erzeugte, als ob er mich in seine Arme schließen und so sicher und stetig nach oben in die versprochene Freiheit tragen würde. Diese steile Stiege, fast versunken in ihrer Verwachsung, teilte in bedingungsloser Selbstverständlichkeit den Garten in zwei unterschiedlich gestaltete Hälften, die nicht mehr zusammenfinden konnten. Die alte Treppe, welche die fast symmetrisch aufgeteilten Seiten trennte, war aber inzwischen so zugewachsen, dass sie wie eine Naht von einer verheilten Narbe erschien, welche das Getrennte wieder zusammenfügen wollte. Wenn ich auf einer der Treppenstufen stand, war es, als ob an diesem Ort in diesem Augenblick Tag und Nacht, das Lebendige und das Tote, das Innere und das Äußere wieder zueinander fänden. Bei jedem kleinen Schritt und vorsichtigem Tritt auf die schiefen und verschieden hohen, manchmal auch schon wackligen Stufen, entfaltete sich die ganze üppige Schönheit und übervolle Lebendigkeit der im Laufe der Jahre immer mehr sich selbst überlassenen Natur zu einer verlockenden Tiefe, die kaum mehr zu durchschauen war. Die alten Zauberwesen und Faune, Klingsor, Merlin oder gar der alte Gott Pan hatten sich in diesen Garten zurückgezogen, um ihren ewigen Traum vom Blühen und Vergehen weiterzuträumen unter einem mit Wohlgeruch gesalbten, mit Blütenduft getränkten Schleier aus Vergessen und Vergänglichkeit.

Beide Gartenflügel waren in mehrere, verschieden hohe Terrassenstufen aufgeteilt, die von niedrigen Mäuerchen gestützt und zum weiteren Halt von niedrigen Buchsbaumrabatten eingefasst wurden, um die sich ein schmaler Rand von Kieselsteinen zog wie ein lockeres Band von ausgebleichten Knochen. Wenn das Sonnenlicht über sie strich, konnte ich manchmal Buchstaben vom Alphabet auf ihnen erkennen.

Die linke Gartenseite unterschied sich von der rechten nur durch Bewuchs und Bepflanzung. Während rechts verwilderte Baumriesen bis in den Himmel wuchsen, war die andere Seite eine baumlose, blühende Wiese. Trotz dieses Unterschiedes bestand ein Gleichgewicht der beiden Hälften durch die Offenheit zum unmittelbar angrenzenden Wald, der die beiden Gartenflügel zu einer harmonischen Gestalt ergänzte. Beide Seiten zogen sich in übereinander gelagerten Terrassenfeldern stufenartig weiter hoch, streckten sich ungehindert nach oben aus und schauten nur auf den gegenüberliegenden Hang mit seinem alten Friedhof. Die Unbegrenztheit des beständigen Himmels und die Vergänglichkeit der Gräber begegneten sich in diesem geheimen Garten als die Grenzen der Ferne. Die baumlose Gartenseite war wie ein grüner Teppich, dessen wuchernde Fülle an den Rändern eingegrenzt wurde von dornigem Brombeergestrüpp und einer blühenden Hecke von Weißdorn, in der sich die kugeligen und topfigen Nester von Amsel, Rotkehlchen und Zaunkönig versteckten. Vor ihr wuchs ein kleiner Wall von Brennnesselstauden, die sich im Laufe des Jahres immer mehr durchsetzten, bis ein eisiger Winter sie niederstreckte. Doch im nächsten Frühjahr begann der ungleiche Kampf von Stärke und Schwäche wieder aufs Neue. Während die wilden Blumen sich selbst aussäten, wenn der Wind die aus den Kapseln und Hüllen ausgestoßenen Samen inselartig ausbreitete, waren die Brombeerranken ganz in sich selbst verschlungen und bildeten einen stacheligen Verhau, der sich wie eine trotzende Wehrmauer gebärdete, um die süßen, schwarzen Beerenfrüchte zu verteidigen, wenn sie sich im einfallenden Sonnenlicht rundeten und wie große Tintenkleckse glänzten zwischen den rötlich angehauchten Blättern mit der silbergrau schimmernden Unterseite. Wenn der Sommerwind stärker wehte, wirbelte er die schwarzen Samenpünktchen des wilden Mohns, der im dunkelroten Kardinalsmantel aufleuchtete, über die ganze Wiese. Sobald die gelben Sonnenräder des Löwenzahns verblüht waren, hob der Wind seine Samenschirmchen aus dem Blütenkorb, die sich wie Fallschirmspringer durch die Luft tragen ließen, bevor sie sacht zu Boden segelten. War aber kein Windhauch zu spüren, zitterten nur die schmetterlingszarten, nie stille stehenden Glockenhäubchen der blauen Blume leise und verführerisch, und die weißen und gelben Blütenzungen, welche die winzigen Sonnenscheiben von Gänseblümchen, Margeriten und Kamille umkränzten, fielen nur zögernd und sanft zu Boden, wenn sie verwelkt waren. Am auffälligsten aber war, dass die Samen und Sprösslinge, die von den alten Bäumen auf der anderen Seite ausgesandt wurden, es nie wagten sich auszuwachsen. Es herrschte ein stilles Einverständnis, dass diese Zurücknahme einzuhalten war, als eine innere Notwendigkeit gegenüber dem Größeren, gegenüber den Gesetzen des sich nähernden Waldes.

Die mittlere Terrasse war einstmals mit edlen Rosenstöcken geschmückt, da es aber mit der Zeit ein unbeschnittener Naturgarten geworden war, der nur vom Regenwasser lebte, waren die meisten von ihnen abgestorben, weiße und rosafarbige Heckenrosen hatten sich ausgebreitet, die den steinernen Sitzplatz wie ein Dach überwölbten und in ihren zarten Duft hüllten. Wenn die Rosen verblüht waren und auf dem moosigen, grünschattierten Boden ihre Muster aus rosafarbigen und weißen Blütenblättchen ausstreuten, drängte sich der Würzgeruch des darüberliegenden Kräutergartens stärker hervor.

In einer verborgenen Ecke, unter Rosen und Dornenzweigen versteckt, stand eine längst schon vergessene, von Grünspan überzogene Messingstatue einer weiblichen Figur mit zu Locken verschlungenen und zu Zöpfen gewundenen Haaren in durchsichtigem Gewand, die eine muschelartige Schale für Blumen in den erhobenen Händen hielt. Wenn es regnete sammelte sich in ihrer Schale das Wasser zu einem dunklen Spiegel und abends, wenn die Dämmerung sich über den Garten legte, war sie eine Quellnymphe, die nach ihrem Echo rief. Am Tage aber wurde sie von trinkenden und badenden Vögeln bespritzt, die mit ihrem Gefieder das Wasser zerteilten, es tropfenweise schluckten oder aus ihren Federn schüttelten, so dass die Wassertöpfchen schillerten und wie kleine Seifenblasen zerplatzten. Wenn die Sonne das Wasser ausgetrocknet hatte, füllte sich die Schale mit Staub. Die Tiere vergaßen sie wie die Menschen – oder war es die Zeit, aus deren Gitter sie schon lange gefallen war, nachdem ihre Rufe ungehört verhallten? Oder war sie nur in eine andere Zeit entwichen, die sie wie in einem kostba-

ren Schrein in immerwährender Glückseligkeit bewahrte für alle Zeiten? Besonders aber liebte ich sie, wenn ihre Muschel bis zum Rand übervoll gefüllt war, so dass ein durchsichtiger Tropfenschleier sich bildete, sich um ihren metallenen Leib legte, ihn befeuchtete und golden aufleuchten ließ. Es war mir immer so, als würde sie als lebensspendende Liebesgöttin die Statue der Todesgöttin, die mit emporgehaltener Tränenschale am Eingang der Trauerhalle des gegenüberliegenden Friedhofs stand, schwesterlich verbunden grüßen und mit ihr sich innig vereinen, um den Tod aus dem Leben zu gebären. Manchmal spürte ich, wie der Garten, der ein letztes Geschenk meines Vaters war, sich immer weiter ausdehnte und wie ein Regenbogen das ganze Tal überspannte bis zu dem Hügel gegenüber mit dem stillen Grab.

Auf der nächsten, etwas höher gelegenen Terrassenstufe lag ein Kräutergärtchen, auf dem würzige Wildkräuter, Thymian, Oregano, Majoran und Minze, vor allem aber Lavendelblüten in dunkelblauen Kissen sich ausgebreitet hatten, die in duftender Dichte den ganzen Wohlgeruch arabischer Märkte wie in einem orientalischen Märchen entfalteten und über den Garten aussandten.

Auf der alleroberstern Terrasse stand auf einer Wiese mit verdorrtem Gras, silbrig glänzenden Disteln und einem ganzen Meer von leeren, ausgehungerten Schneckengehäusen – Winterskelette, mit denen ich wundervoll spielen konnte – meine alte Kinderschaukel, die noch immer vor und zurück schwang und mit der man bis in den Himmel fliegen konnte.

Oft saß ich sinnend auf dem etwas gewölbten hölzernen Brett der alten Schaukel. Mit leicht angewinkelten Armen hielten meine Hände sich an den beiden Seilen fest, und so in die Schaukel hinein gekauert, fühlte ich mich wie ein kleiner Vogel, der mit gespreizten Flügeln sich in die Wipfel des Waldes schwingen wollte, um die ganze ihm geschenkte Freiheit zu erleben. Tief in mir spürte ich schon damals, dass jeder Gedanke fliegen kann, fliegen durch alle Räume und alle Zeiten hindurch in die ganze Weite und Unergründbarkeit der Welt. Manchmal, wenn der Abend dämmerte, schaukelte ich ganz sacht hin und her, als wollte ich mich in den Schlaf wiegen und träumte mich hinein in die rosig angehauchte Blütenwolke des Fliederbusches neben mir. Seine winzigen Blütensterne waren aufgefädelt an enghalsigen lilafarbenen Kelchen, die sich zu traubenförmigen Dolden ordneten. Im aufkommenden Abendwind schwankten sie leise und wandelten sich zu einem nachtblauen Tuareg-Zelt unter der Unendlichkeit des überwölbenden Himmelszeltes. Wenn die ersten Sterne funkelten und ein bleicher Mond sein blasses Licht in den Garten warf, begannen die

Schatten der vom Wind bewegten Sträucher und der zitternden Gräser leise zu tanzen, wie in einem lebendigen Schauspiel, gewoben aus den Träumen einer anderen Wirklichkeit.

Wenn am Morgen ein frischer Wind die Kühle der Nacht noch länger bewahrte, setzte ich oft meine alte Puppe als Blumennymphe auf das gebogene Brett, das leise vor sich hin schaukelte und ihr ein kurzes, doch wundersames Leben schenkte. Stand aber die Luft wieder in windstiller Schwere über dem Garten, richteten die steilen Gräser sich auf und wurden ein winziges Heer von erstarrten Zinnsoldaten mit spitzen Helmbüschen. Nun sah ich auch, wie kleine Käfer krabbelten und grüne Heupferdchen ihre Hüpfespiele flogen. Ich schaute zu, wie ein winziger schwarzer Käfer an einem Brombeerblatt hinaufstieg und sich wie eine reife Beere an die Unterseite des Blattes heftete mit krummen Beinchen voll spitzer Stachelhaken und glänzenden Kugelaugen.

Die rechts von der Treppe sich hoch ziehende Gartenfläche stemmte sich mit ihrer dichten Hecke aus Hainbuchen und Haseln gegen den nachbarlichen Garten. Die vielen Bäume, die sich teilweise selbst ausgesät hatten, deren Zweige und Äste nie gekürzt oder in Form geschnitten wurden und von denen viele eine wolkige Höhe erreicht hatten, unterstützten den Eindruck einer eigenwilligen Wehrhaftigkeit. Die untere Terrasse, die sich an die äußere Gartenmauer anlehnte, wurde wie alle Flächen von einer Rabatte aus Buchs eingefasst, der, in keine Form gezwungen, sich in überraschenden Drehungen und Windungen zum einfallenden Licht ausstreckte. Davor lag wiederum ein schmales Band aus Kieselsteinen, das die mattgrünen Buchsbäumchen umschlang. Dahinter wuchs ein undurchschaubares Labyrinth von Schlingknöterich und Waldreben mit ihren wirren Federbällchen, die aus der Nähe wie ein nestartiges Geflecht aus kleinen Spinnenbeinchen oder Käferrüsselchen wirkten. Im Sommer wurde ihr wildes Wuchern durch den Schattenwurf von alten Obstbäumen gebändigt und im Herbst kämpfte es mit dem Blätterfall um jedes kleinste Fleckchen Licht. Im Frühjahr, wenn ein zarter Duft die Bäume umwehte, wurden die Blüten durch pollenhosige Bienen bestäubt, bevor sie als weiße Sternchen alles beschneiten. Wenn im Herbst die saftigen Äpfel und süßen Birnen, die goldgelben Quitten und blauen Zwetschgen reif waren, lag ein fruchtig süßer Geruch über der feuchten Erde, in dem der ganze Reifungszyklus seine Spuren hinterlassen hatte. Sobald die Blätter zu Boden fielen und langsam vermoderten, roch es wie in einem indischen Teeladen, nach Kardamon, Vanille und Zimt. Im Laufe der Jahre gab es niemanden mehr, der die reifen Früchte von den hohen Bäumen pflücken konnte, und so hingen sie oft noch bis in

den Winter hinein wie kleine rote und gelbe Christbaumkugeln und Murmeln, verschrumpelten dann allmählich, bis frostige Stürme sie abstreiften oder weiche Schneeohren sie aufblähten. Jedes Frühjahr aber wurden die alten Recken durch einen Blütenschleier wieder verjüngt, der all ihre Starrheit besiegte. Im Sommer waren sie ein bewegtes Schattenzelt oder eine raschelnde Windharfe, wenn der Sommerwind in ihre Blätter griff.

Die über dem Obstgarten sich erhebende Terrassenstufe war für mich ein Ort der Zuflucht und vertrauter Nähe. Hier schmiegte sich das alte, aus roten Backsteinen gemauerte Weinberghäuschen tief in den Hang hinein. Das Dach war mit unregelmäßigen alten Ziegeln bedeckt, die aber inzwischen vielfach von grünem Moos überzogen waren, das seine zierlich ausgefransten Muster auf das warm leuchtende Ziegelrot tupfte. Es stand in zufriedener Behäbigkeit auf einem zweibeinigen Stelzgerüst, unter dem altes Brennholz aufgestapelt war, das im Herbst und Winter von kleinen Nagetieren bewohnt wurde. Darüber war ein ebenerdiger, mit Bretterwänden abgedichteter Wohnraum mit Tisch, Stuhl und einem alten Kanapee, das schon ganz verschlissen, aber immer noch sehr behaglich war. In der Ecke stand ein kleiner runder Kanonenofen aus Eisen, der an kühlen Herbstabenden den ganzen Raum mit seiner Wärme umarmte. Von dem zweigeteilten Fenster aus konnte man direkt in den großen Nussbaum klettern, der mit seinem mächtig ausladenden Geäst das ganze Gartenhaus beschattete und gegen jede von außen kommende Bedrohung abschirmte.

Wenn die Herbststürme an ihm rüttelten und schüttelten, sprangen die reifen Nüsse aus ihren platzenden Schalen und purzelten polternd auf den Boden, als ob es eine Trommel wäre, auf der sie aufschlugen, und schon kamen rot- und schwarzbuschige Eichhörnchen angesprungen und verschwanden wieder blitzschnell mit der erbeuteten Nuss. Waren die Zweige und Äste kahl gefegt, türmten sich die braun gefleckten Blätter zu kleinen Hügeln – Wärmespeicher und Schutzhöhle für Insekten, Igel und Erdkröten, die sich mit geblähten Hälsen und dicken Bäuchen unter den Wall aus welken Blättern duckten. Vorsichtig durchsuchte ich manchmal mit meinen Händen die Blätterberge, die ich für die Laubhütten „der kleinen Leute" und für Wohnhöhlen von Zwergen hielt, mit denen ich so gerne gesprochen hätte. Wenn die trockenen Blätter sich aneinander rieben, gab es einen klirrenden Klang wie von Gläsern, die gegeneinander stießen. Auf dem vom Nussbaum nicht beschatteten Boden hatten sich dunkelgrüne Efeuranken ausgebreitet, die sich immer weiter vorschoben. Von Efeu bekränzt und behangen wie Gott Bacchus, stand ein von Regen und Wind ausgewaschener, verwitterter Grenzstein verlassen, vergessen und ohne Bedeutung mitten auf dem Eppichteppich. Für mich war er zum Efeuknaben geworden, der mir wunderlich seltsame Geschichten erzählte von längst untergegangenen oder nie gewesenen Orten und Zeiten, oder er war der kleine Ganymed, der Mundschenk für olympische Götter. Wie war er in den Garten gekommen? Hatte ihn die Anmut der schöngezöpften Nymphe mit der Muschelschale angelockt – hatte er ihren Ruf vernommen oder war er dessen Echo?

Auf seiner Rückseite hatte das Gartenhaus wegen der Hanglage einen ebenerdigen Eingang. Seitlich von der Eingangstüre stand das große graugrüne Regenfass, das mit zwei schwarzen Reifen bebändert und mit der geknickten Dachrinne verbunden war. Für mich aber war es oft beängstigend, besonders wenn es randvoll war, dann deuchte es mir, es sei ein Armreif von einem Riesen, oder der schwarz glänzende Wasserspiegel wurde zu einem drohenden Auge mitten auf der Stirne eines Zyklopen. Wenn einfallendes Sonnenlicht das Wasser weniger gefährlich erscheinen ließ, warf ich eingerollte dürre Blätterschiffchen auf das trübe Wasser und ließ sie als kleine Nachen im Kreise trudeln, bis sie sanken. Manchmal traute ich mich, aufgeschlitzte Stängel vom Löwenzahn behutsam auf die Wasserfläche zu legen, um zu beobachten, wie sie sich blitzartig ringelten oder zusammenschnurrten.

Neben der Eingangstüre standen vor der durchwärmten Mauerwand vom beginnenden Frühjahr bis in den späten Herbst irdene Töpfe mit fremdartigen Kakteen. In Reih und Glied geordnet, von keinem Windhauch bewegt, waren sie eine kleine Armee von grün bemäntelten Stachelrittern mit umsponnenen Helmen und spitzen Speeren neben farbenfrohen Blüten und Sternen, die wie mit bunten Orden leuchteten. Andere Arten, weiß betupfte Rundlinge, wie kleine Weltkugeln gefaltet, waren mit gelben Blumenköpfchen geschmückt, die sich wie eingefangener Sonnenstaub zwischen den Dornen ausbreiteten und von schimmernden Sommerfaltern umflattert wurden. Manche der Pflanzen verdickten sich handtellerförmig und endeten in kleinen geballten Fäusten oder langen Fingern. Andere wuchsen wie Gazellenfüße himmelwärts oder strahlenförmig in die Weite. Einige von ihnen waren geriffelte Pfeiler wie aus einer Kirche oder immer weiter wachsende Säulen vor einem verschwundenen Tempel. Am meisten liebte ich diejenigen, welche in elliptischen Windungen in sich selbst verschlungen waren und wie die Weltenschlange zu sich selbst zurückkehrten. Ich staunte, wie es ihnen gelingen konnte, in ihrem kreisförmigen Labyrinth den Weg zu finden zu neuem Wachstum. Immer aber

wirkten sie auf mich wie treue Kameraden, und wer sie berührte
oder ihnen zu nahe kam, wurde bedroht. Immer standen sie auf
meiner Seite, denn sie hatten mein Eigenmaß von gewährter Nähe
und gebotenem Abstand, oder hatte ich mir das Ihrige zu eigen
gemacht? Leise ahnend spürte ich – vielleicht zum ersten Mal –
wie ich sie beim Betrachten umgestaltete und wieder neu erschuf,
nachdem sie auf seltsame Weise zu einem Teil von mir geworden
waren. So wurden sie für mich zur Mitte, zum geheimen Zentrum
des Gartens, vielleicht auch wegen ihrer fremden Einmaligkeit und
ihrer nur vorübergehenden Anwesenheit.

Der spitze Dachgiebel mit seiner offenen Fensterluke war Wohnraum für die Fledermäuse, die abends lautlos durch den Garten
flatterten und mich erschreckten. Manchmal hockten auch eine
kleine Eule oder ein junger Kauz, vom nahen Wald angeflogen,
in der Fensterhöhle und stießen ihre rauen, zitternden Schreie in
den Garten, die an versunkene Glocken erinnerten.

Die oberste Terrasse wurde von mir am meisten geliebt, weil sie
mir über das rote Ziegeldach hinweg einen freien Blick zum gegenüberliegenden Wald schenkte. Hier wuchsen südländische
Nadelhölzer, mit strengem, schwerem Geruch nach Harzen und
ätherischen Ölen. Ehemals standen sie in lockerer Reihung in
einer Linie, aber nur auf dem Erdboden geordnet und gezwungen, wuchsen sie dann nach eigener Willkür, nach eigenem Ge-
setz himmelwärts und klüfteten mit ihren engnadligen Zweigen
die darüberhängenden oder an ihnen vorbeiziehenden Wolken.
Dunkle, fremdartige Zedern aus Libanon, Zypressen, Pinien, Thuja
und rotbeerige Eiben, Lebensbäume und Friedhofsgewächse standen Rücken an Rücken so miteinander verbunden wie Leben und
Tod, Wachstum und Grab. Besonders die kleinen leuchtend roten,
kugeligen Beeren der Eibe lockten zum Pflücken und verbotenem
Spiel. Gallertartig weich, doch giftig, mit einem schwarzen Loch
in der Mitte wie die Einstichstelle eines Zirkels, hoben sie sich
noch vom dunkelsten Nadelgrün ab und konnten nie übersehen
werden. Zertrat man sie, knallten sie leise und bildeten auf dem
Boden eine kleine klebrige Pfütze. In diesen düster wirkenden
Nadelhain mit den seltsam klingenden Namen hatte sich für mich
die ganze biblische Welt des Alten Testamentes zurückgezogen
und gerettet. Salomonis Tempel mit seinen Zedern, die Arche
Noah und die Bundeslade waren in ihn eingewachsen. Der Name
der Thujabäume klang wie eine Verkürzung des himmlischen Hal-
lelujah mit all seinen Versprechungen. In ihrer immer noch be-
wahrten Pyramidenform standen die Zedern und Pinien wie alte
Grabwächter und hüteten aufrecht und schweigend die Gesetze

und Gebote des Jenseits, ernst und bedrückt von der Schwere eines der Welt verloren gegangenen Wissens, das sie noch immer weitertragen wollten. In windstillen Stunden waren sie schwarze Statuen aus dem Hades, ohne Sockel nur vom Erdboden in unverbrüchlicher Zuverlässigkeit gehalten und getragen, verewigt auf den eigenen Gräbern.

An durchsonnten Nachmittagen, angefüllt mit grüngoldenem Licht, das von den tausend Nadeln gespiegelt und gebrochen wurde zu einem samtigen Glanz, den sie aufzuspießen schienen und dann in langsamer Hast in ihre Dunkelheit verschlangen, spürte ich ihren fremdartigen Zauber besonders. Wenn ich einen kleinen Nadelzweig abbrach, klebten ölige Tropfen zäh und fest an meinen Händen, als wollten sie für alle Ewigkeiten an mir haften.

Im Herbst mit seinen hohen Himmeln und entrückten Wolken wurden die düsteren Zedern und Pinien zu lockenden Verführern, die flüchtige Sehnsüchte, kaum fassbar wie ein nächtlicher Traum, weckten nach fernen Reisen und Zielen, die im Nirgendwo endeten, weil nichts sie stillen konnte, Zugvögel die ins Nirwana flogen.

Im Schatten dieser Bäume des Südens saß ich oft an regenlosen Tagen, träumend ohne Traum und wünschend ohne Wunsch, getrennt und vereint mit ihnen. Sobald aber dunkle Wolken am schweren Himmel aufzogen und Stürme die stillstehende Luft, die für mich wie ein Spiegel der verträumten Zeit war, aufwirbelten und beherrschten, schauderte ich vor ihnen wie vor einen tödlichen Krankheit. Ihr harziger Geruch wurde zu einem Boten, der Pestilenz und Tod brachte. Ihre Gestalten verwandelten sich in graue Schemen, in schwindsüchtige Schatten, einem Sanatorium entsprungen, die am Leben vorbeizogen und es um ihre ganze Lebenszeit verfehlten. Ich fürchtete mich vor ihrem ausströmenden Geruch, ihren ätherischen Ausdünstungen, die wie ein Geisterhauch mich beatmen wollten in meiner leblosen Starre und Angst. Oder wollten sie mich ersticken, um mich als frommes Opfer in die andere, jenseitige Welt zu ziehen mit dem Gestank ihres tödlichen Giftes, abgesegnet in sternenlosen Nächten mit dem Zauber des Grauens? Nannten die Menschen sie Lebensbäume, weil sie auf ihren Gräbern standen, Leben und Tod vereinend im ewigen Leben? Ich floh vor ihnen und wühlte mich wie ein verfolgtes Tier in die aufgehäuften Hügel der herbstlichen Blätter, und ihr modrigirdischer Faulgeruch, der mir wie eine mich wieder zum Leben erweckende Essenz, die Quintessenz des Lebens schlechthin, erschien, wurde zu einem balsamischen Duft, der mir Heilung von der tödlichen Krankheit bringen konnte durch seine erdhafte Nähe und Berührbarkeit. Ich ließ meine leblosen Hände durch die Blätter gleiten, als wären sie die Perlen eines Rosenkranzes, lieh mir von ihnen die Wärme des im Sterben wieder auferstehenden Lebens aller Natur und fand den Weg zurück, den Weg zu mir selbst. Der Erdboden unter den Nadelbäumen war mit Immergrün bewachsen, die mit ihrem eintönigen Grün ohne jede Blattschattierungen durch ihre Rippen und Äderungen die Mattigkeit der dunkelgrünen Farbe der immer gleichen Nadelspitzen wiederholten, so dass oben und unten zusammenfanden, als Schauspiel des Lebens erfahrbar wurde. In ihrer immer gleichen Farbgestalt waren diese Gewächse ausgenommen vom Rhythmus des Jahres, es schien, als ob hier die Zeiten ineinander mündeten, die fließende Zeit des Lebens und die zu ewiger Dauer geronnene Zeit, die mit ihren tödlichen Zeigern alle Stunden verschlang. Als ich älter wurde, erlebte ich, wie sich in diesem vergessenen Garten vergangene, abgelebte Zeiten einen Lebensraum gesucht und bewahrt hatten, angefüllt mit lebendiger Unwirklichkeit und zeitloser Gestalt. Im Laufe der Jahre verwandelte sich auch der immer mehr vereinsamte Garten. Aus den „Kleinen Leuten", den Zwergen, Gnomen und Trollen wurden olympische Götter, menschliche Heroen, Nymphen und Faune, aus kindlichem Spiel wurde der Traum einer Begegnung. So erschien mir später die schöngezöpfte Muschelträgerin als eine Tochter der Nymphe Kalypso, die einst Odysseus verführte. Vielleicht war sie auch ein Kind der Zauberin Kirke. Oder war sie als Kore die Tochter der Erdmutter Ceres oder einer Nymphe aus den tiefen Wassern Poseidons, vielleicht eine Tochter von Proteus dem Wandelbaren, dem alten Weisen am Grunde des Meeres? Vereinte sie in ihrer Muschelschale die Gegensätze von Luft und Wasser, von Geist und Tiefe? Sie konnte Durst und Begehr der aus ihr trinkenden Luftgeister und Vögel stillen, nicht aber ihr eigenes Verlangen, das als leises Rufen von willigen Winden hinübergetragen wurde zur anderen Seite. Auch der efeubehangene graue Stein, der durch Alter und Verwitterung die Gestalt eines Knaben angenommen hatte, wandelte sich vor meinen Augen. Er wurde vom Knaben zum Jüngling, zum Ganymed, dem hermaphroditischen Mundschenk der Götter, zum lorbeerbekränzten Musensohn Apolls, dem Gott mit der Leier und im bockssprüngigen Tanze zum trunkenen Bacchus. Die fruchtigen Beeren des Efeus, der seine langen Ranken wie Taue und Seile ausstreckte, um neues Land zu gewinnen, wurden zu reifen Trauben am Weinstock, mit berauschend tödlichem Trank, und sterbend wurde der Jüngling wieder zum gütigen Hirten und zum Gott Pan, dessen liebliches Spiel auf der Flöte aber so schnell wie

ein Sommergewitter in den Bergen wieder umschlagen und sich
steigern konnte zum furchtbaren Bocksgesang mit dem panischen
Schrecken im Beutel. Die dunklen Schatten auf den giftbeerigen
Blättern des Efeus, einem Gewächs aus Trauer und Tod und dem
hoffenden Grün, der Farbe des Lebens, legten sich in der Abenddämmerung auch über seinen steinernen Leib und wurden zu
einem Band zwischen ewigem Schlaf und träumendem Leben.
War nicht auch im bacchantischen Rausch, in der ozeanischen
Flut der Ekstase ein schweigender Tod?
Bei Sonnenaufgang nach mondhellen Nächten mit sternklarem
Himmel vom zarten Dunst der Morgenröte behaucht, wie auch
im Abendglanz der sanft sich neigenden Sonne, schien ein an-
dächtiges Lauschen in nie geschaute Fernen den Efeuknaben zu
bewegen. Konnte er den Ruf der Sehnsucht vernehmen, erreich-
te er den Träumenden? Wollte er sich verführen lassen von der
Tochter der Kirke wie einst Odysseus durch ihre Mutter? Konnte
ihr verlangendes Sehnen ihn aus dem Paradies seiner Selbstver-
liebtheit locken, noch bevor er sich, wie einst Narziss, darin verlor? Hatte ihr kindlicher Sinn keine Furcht, dass er beim Anblick
seines Ebenbildes im Wasserspiegel ihrer gefüllten Muschelschale
für alle Zeiten versank? Noch niemals hatte die Rufende erfahren,
wie seine Nächte aussahen, welcher Glanz vom bleichen Mondlicht auf ihm lag und ihn betörte. Mit wem konnte er sein Wesen
teilen? Konnte er sehen, konnte er hören wie die schwärmenden
Nachtfalter den Nektar, den Göttertrunk aus den schneeweißen
Blüten rüsselten? Sah er wie die spitzen Speere der blassen Gräser
versuchten, die Dunkelheit zu durchstoßen, oder die glänzenden
Beeren des Brombeerstrauches sich in ihrer Schwärze schwesterlich den dunklen Wolken der Nacht zuneigten? Konnte er in
seinen nächtlichen Träumen die leisen Flötentöne von Gott Pan,
dem Hirten vernehmen, die ihn zum hochzeitlichen Lager führen wollten? Wer konnte es wissen, wer konnte das Geheimnis
der Nacht ergründen? Konnte Venus-Aphrodite, die Liebesgöttin,
die als Abend- und Morgenstern die Nacht erhellte, mit ihrem
Gürtel die beiden getrennten Flügel des Gartens, die auseinander
gebrochenen Hälften der zerstrittenen Welt wieder einen? Hatte
im Schoße der Nacht, im Schutze ihrer alles umfangenden Dunkelheit, das Echo der kleinen Nymphe seine Antwort gefunden?
Schon damals ahnte ich, dass nur ein Liebender, nur die Liebe
selbst eine Antwort geben konnte. Und heute weiß ich, dass ich
diesen Garten liebte, ihn mit allen meinen Sinnen in mich aufgenommen habe und ihn weiter lieben werde, bis er, wenn alle Zeit
erfüllt ist, zur Pforte des Paradieses wird.

## MARIA JANITSCHEK

# Lilienzauber

Müde des Suchens und Wanderns, machte sie den Plan, hier in der Nähe, wo die wunderbarsten Tannenwälder rauschten, sich ein Heim zu bauen, um in der Einsamkeit das zu vergessen, was es doch nicht für sie gab. Philippinens Haus war bald gebaut. Es enthielt wenig Gemächer. Sein Hauptschmuck war ein großer Garten, den die Natur bereits hingezaubert hatte, wofern man unter einem solchen nicht nur englische Parkanlagen versteht. Ein klarer Bach teilte die schattigen Partien des Waldparks in zwei Hälften. An diesen Bach ließ Philippine tausende von Lilien setzen, so daß das blitzende Wasser von silbernen Zäunen eingefaßt schien. Der weiße Schimmer dieser göttlichen Blumen warf auf das Gesicht der hier viel Umherwandelnden seinen Abglanz der Schönheit. ...

EVA STRITTMATTER

# Voraussicht

Mein letzter Freund wird der Rosenstrauch sein,
Der vor meinem Fenster steht.
Wenn auch der vorletzte von mir geht:
Der letzte läßt mich nicht allein.

Lieben zum Tode hin ist zu beschwerlich.
Gramgrau, griesig und riecht nicht gut.
Zu sehen, wie schwer sich der Sterbende tut,
Um noch zu bleiben, und ist schon entbehrlich.

Ja, wenn ich noch irgendwo Hilfe fände.
Aber man weiß doch genau: Hilfe ist nicht.
Man lügt ihm lächelnd ins fremde Gesicht,
Und dabei zittern einem die Hände.

Besser, wenn auch der vorletzte geht.
Endlich ist Schweigen, und dann ist Stille.
Langsam zersetzt sich der Lebenswille.
Man sieht, daß die Rose in Blüte steht.

SIDONIE COLETTE

# *Mein Kaktus*

M onsieur, Sie luden mich ein, auf eine Woche zu Ihnen zu kommen, und das bedeutet, daß ich meiner Tochter nah sein könnte, die ich über alles liebe. [...] Trotzdem werde ich Ihre gütige Einladung nicht annehmen, jedenfalls vorerst nicht, denn höchstwahrscheinlich wird in Kürze mein rosa Kaktus blühen. Er ist ein sehr seltenes Exemplar, das man mir geschenkt hat, und es heißt, daß er in unserem Klima nur einmal alle vier Jahre blüht. Ich bin nun schon eine sehr alte Frau, und würde ich verreisen, wenn mein rosa Kaktus kurz vor der Blüte steht, würde ich ihn gewiß nie wieder blühen sehen.

SELMA MEERBAUM-EISINGER

# Der Sturm

Steht ein Rosenstrauch in deinem Garten
Und er ist noch gar nicht grün.
Und du kannst es kaum erwarten,
Daß die erste Knospe komme, zart und dünn,
Und daß sie verkünde neues Leben.
Wartest, wartest voller Angst und Beben,
Bis ein Morgen kommt – und sie ist da.

Und sie ist so fein und schlank und hell,
Ganz geschlossen noch und kaum gesehn
Und du möchtest, daß sie aufbricht, ganz, ganz schnell,
Da du weißt, wie rasch die zarten untergehn.
Doch es enteilt ein Tag und es enteilt ein zweiter
Und die Himmel werden blauer, werden weiter
Und die Knospe bricht nicht auf.

Und du weißt: wenn jetzt ein Frost kommt, stirbt sie,
Stirbt und hat das Leben nicht gelebt.
Möchtest gerne helfen und weißt doch nicht wie,
Fürchtest sehr, daß nicht ein Wind sich hebt,
Der sie dir vom Stamme bricht –
In der Nacht, du schläfst und siehst es nicht,
Und sie ist bei Tag schon tot.

Kommt dann eine Nacht, und Stürme brausen um dein Haus,
Um dein Haus mit den verschloßnen Toren.
Und du bäumst dich auf und willst und willst hinaus
Und dir klingt's wie Wimmern in den Ohren.
Endlich bist du draußen – und du siehst den Rosenstrauch dir an –
Sieh – es ist die Knospe aufgebrochen.
Was die Sonne nicht vermocht' in langen Wochen,
Hat ein einz'ger Sturm getan.

LISA BAUMFELD

# Rosen

Es drängt mein Selbst, das blütenlose,
Voll Sehnsucht ewig nach der Rose,
Die schlank in blonde Lüfte taucht,
Und tiefe, süße Freude haucht!

Ich wollt' an ihrem Kelche singen,
Von Brisen, Tau und Schmetterlingen;
Und all das weite, bange Leben
Sollt' mich ein Rosenduft umschweben.

GERTRUD KOLMAR

# Schrebergärten

Du schaust hinein. Am Zaun die Laube
In Sonntagsstimmung, frisch und blank:
Ein grünes Haus mit weißer Haube
Und ringsum wilden Weins Gerank.

Dazu zwei Mädchen mit Soldaten;
Drum lacht die Sonnenblume auch –
Ein Apfelbaum, ein Beet Tomaten,
Ein Rosenstock, ein Himbeerstrauch:

Und mitten in der Pracht ein Kleinchen,
Das kaum noch halb sein Hemdchen deckt
Und das zwei ros'ge, runde Beinchen
Aus seinem Kinderwagen streckt.

EMILY DICKINSON

# Mein Garten

Mein Garten – wie der Strand –
Zeigt an – es gibt ein Meer –
Den Sommer –
Perlen – schafft es sich
Wie diese – und wie mich.

FRIEDERIKE KEMPNER

# An den Lorbeer

Ich liebe Dich – ich will's gestehen
Mehr als das erste Frühlingswehen,
Dein süßer Duft, der ewig währt –
Ist in der ganzen Welt geehrt –
Doch nicht des Siegeslorbeers Blatt –
Wer es empfängt, getötet hat –
Der schmale, schön gezackte ist's:
Du dunkelgrüner Lorbeer bist's.

SOPHIE MEREAU

# An einen Baum am Spalier

Armer Baum! – an deiner kalten Mauer
Fest gebunden, stehst du traurig da,
Fühlest kaum den Zephir, der mit süßem Schauer
In den Blättern freier Bäume weilt
Und bei deinen leicht vorübereilt.
O! dein Anblick geht mir nah!
Und die bilderreiche Phantasie
Stellt mit ihrer flüchtigen Magie
Eine menschliche Gestalt schnell vor mich hin,
Die, auf ewig von dem freien Sinn
Der Natur entfernt, ein fremder Drang
Auch wie dich in steife Formen zwang.

EVA STRITTMATTER

# Ornament

Bitteres Grün von Nesseln, die brennen.
Brennendes Hagebuttenrot,
Dessen Lockung Drosseln und Amseln erkennen:
Für uns warens Rosen, für sie ist es Brot.

*Rosa rugosa* streut Pfingstrosenduft
Von fast violetten Blütenblättern.
Ein Spinnwebfaden in goldener Luft,
Den Mücken umflirrn wie arabische Lettern.

Geheimnis arabischer Poesie:
Schreib von rechts nach links, lies von hinten nach vorn.
Alles ist Bild und alles Magie:
Die Blüten, die Früchte. Der Duft. Und der Dorn.

RICARDA HUCH

# Zwei Gärten

Schwer von Jasminduft, weht aus dunklen Gärten
Der Mittagswind:
Ich denke euer, die ihr Spielgefährten
Mir wart als Kind.

Der Tulpenbaum mit grünen Blumenbechern,
Drin Nektar quillt,
Der gute Birnbaum, der uns kleinen Zechern
Die Hand gefüllt.

Vorüber eilt man scheu dem feuchten Grunde,
Wo moosbefleckt,
Dämonenbös mit schwarzem Schlangenmunde
Der Brunnen schreckt.

Ein Ton von Bienen, die den Honig mischen,
Summt überall
Unendlich klagt des Nachts aus Duftgebüschen
Die Nachtigall.

Ein Garten war, da blühten Georginen
Im Purpurflor
Und Sonnenblumen mit des Cherubs Mienen
Am offnen Tor.

Mohnpuppen kamen auch, die schön berockten,
Im grünen Schal,
Wenn die Holunderblütenküchlein lockten
Zu duftgem Mahl.

Der weiße Elefant verbarg im Grase
Sein Rosenohr,
Das rote Bällchen sich als Seifenblase
Im Blau verlor.

Es weht mich an, Erinnerungen trunken,
Der Mittagswind.
An alte Gärten denk ich, die versunken
Auf immer sind.

ANNA RITTER

# Rosenlied

Wir senkten die Wurzeln in Moos und Gestein,
Wir wiegten die Schultern im rosigen Schein,
Wir tranken die Sonne, den Tau und das Licht,
Wir prangten in Schönheit und wussten es nicht.

Der Lenz strich vorüber und küsste uns leis,
Der Tag ward so still und die Nächte so heiß,
Der Wind sprach von Liebe manch flüsterndes Wort,
Ein Schritt kam gegangen ... ein Arm trug uns fort. –

Wer hält unser Leben in zitternder Hand?
Es duftet und rieselt ein weißes Gewand ...
Wir sehn eine Brust, die Sehnsucht erregt,
Wir hören ein Herz, das in Leidenschaft schlägt.

Von Liebe gebrochen, zu Liebe gebracht –
Wir grüßen dich, Schwester, in schweigender Nacht.
Der Tag, der zu holderem Blühen dich ruft,
Er senkt unsre Schönheit verwelkt in die Gruft.

### JANE AUSTEN

# Ein beneidens- werter Mann

*Aus: Die Abtei von Northanger*

Dann lenkte er seine Schritte zum Garten. Dessen Ausmaß versetzte Catherine in Erstaunen, denn er umfaßte doppelt soviel Morgen wie Mr. Allens und ihres Vaters Gemüseland, den Obstgarten einbezogen. Endlose Spaliermauern, ein Dorf von Gewächshäusern erhob sich zwischen ihnen, und die Bewohner eines ganzen Kirchsprengels arbeiteten emsig darin. Den General schmeichelten ihre verblüfften Blicke, denn sie zeigten ihm ebenso deutlich wie Worte, die er ihr gleich darauf abnötigte, daß sie keine auch nur annähernd vergleichbaren Gärten kannte. Darauf gab er bescheiden zu, ohne in dieser Hinsicht irgendwelchen Ehrgeiz zu hegen, glaube er, sie hätten im ganzen Königreich nicht ihresgleichen. Wenn er überhaupt ein Steckenpferd habe, so sei es dieses. Er liebe den Garten. So gleichgültig er auch in allen anderen Dingen der Ernährung sei, er liebe gutes Obst; zwar nicht einmal für sich selbst, sondern für seine Freunde und Kinder. Ein solcher Garten biete jedoch viel Verdruß, und selbst größte Sorgfalt zeitige nicht immer die wertvollsten Früchte. Die Ananaszucht habe im letzten Jahr nur einhundert Stück erbracht. Ob Mr. Allen über denselben Ärger klage.
„Nein, Mr. Allen macht sich keine Mühe mit dem Garten. Er läßt sich nicht einmal darin sehen."

Mit triumphierendem, selbstzufriedenem Lächeln wünschte der General sich ein Gleiches leisten zu können, denn er betrete den seinen selten, ohne sich über irgend etwas seinen Plänen Widersprechendes zu ärgern.

Er fragte, wie Mr. Allens Züchtereien angelegt seien, und beschrieb die seinen.

Mr. Allen habe nur ein kleines Treibhaus, darin seine Gattin während des Winters ihre Pflanzen aufbewahre.

„Das ist ein beneidenswerter Mann!", sagte der General mit einem Blick glücklicher Verachtung.

MARCELINE DESBORDES-VALMORE

# Die Rosen von Saadi

Ich hab heute Früh dir Rosen bringen wollen;
Doch mein Gürtel hat zu viele Rosen tragen sollen,
Dass die gespannten Knoten sie nicht halten wollten.

Die Knoten rissen. Und vom Wind gezogen,
Sind alle Rosen dem Meer zugeflogen
So dass sie nimmer wiederkehren sollten.

Und rot und wie entflammt von ihnen schien das Meer,
Heut Abend ist mein Gewand noch von ihren Düften schwer.
Atme von mir den Balsam der Erinnerungen!

FRIEDERIKE KEMPNER

# Mein Röselein

Grüß' Dich Gott, mein Röselein,
Schön und klein und sanft Du bist:
Wie sie so anmutig ist!

Röselein, gern seh' ich Dich!
Bleib' so still und lieb und rein:
Bleib' so ewig jung und mein!

Röslein mein, o denk' an mich!
Purpurrot und grün Dein Stiel:
Geist und Anmut hat sie viel!

Röslein, Dich, Dich liebe ich!
Zart drück' ich Dich an den Mund:
Nehme Abschied, bleib' gesund!

Blättlein klein, o bleibet frisch,
Ihres Zweiges dunkelgrün:
Ach, ich muss von dannen zieh'n!

Röslein, nein, es war nur Scherz:
Ewig, ewig bleib' ich Dein!
Ewig bleibst Du lieb und fein!

Röselein, o grüß' Dich Gott,
Schön und frisch und mein Du bist:
Voll mein Herz vor Freuden ist!

## MARIA LUISE WEISSMANN

# Gartennovelle

Nicht, daß der Name Veronika so sehr der Bläue ihres Blicks gegolten hätte, obgleich es jeder glauben mußte, der sie sah. Die Mutter hatte sie so genannt, erlöschend nach dem schweren Kampf der Geburt, lächelnd in einer Erinnerung, wie sie den Sterbenden zusammenströmt aus Kindheit und ihrem frühen Himmel: einem blassen Vorfrühlingshimmel droben im Norden, wo Deutschland lag. Der Garten, in dem Veronika zurückblieb, stieg als letzte Stufe des großen Gebirgs zur Ebene hinab. Er stieg hinab in einen sanften und blassen See der südlichen Ebene und dann, von seiner Tiefe gespiegelt, wieder aus ihm empor in einem ewig schwebenden Gleichgewicht. Veronika dachte später in den Städten, wo sie den Winter mit ihrem Vater verbrachte, an [Lücke] Als Kind, von einer unachtsamen Wärterin allein gelassen, lief sie einmal, verwirrt, weiter den Weg, den sie gekommen war; wieder zurück, wie sie glaubte, aber das Wasser stand um ihre Füße. Von diesem Tag an hielt sie sich lange Zeit vom Ufer fern.

Der Gärtner, der den Garten betreute, war alt. Haar hing in breiten Strähnen um ein Gesicht, das Wind und Sonne gegerbt hatten, so-daß die Haut ein braunes und hartes Stück Leder geworden war. Die Haare erinnerten Veronika an das seltsam-streifige Grau eines Gehäuses, das sie einmal in dem Gebälk des Speichers hängend gefunden hatte. Der Finger, mit dem sie es berührte, zitterte unter einem fernen und dunkeln Gesumm, das aus dem Innern kam. Die lange Freundschaft zwischen Veronika und dem Alten begann böse. „Sie läuft mir in die Beete," dachte er, als sie die ersten win-zigen Schritte tat. Aber dann begab sich Schlimmeres noch. Sie war mit dem Vater im Frühjahr aus der Stadt eben zurückgekehrt: große kostbare Tulpen blühten in kühlem und farbigem Saum um das Haus. Veronika ging von der gelben Blume zur roten, sie sammelte in ihre Schürze das bunte Gefieder der Papageitulpe und streifte Blütenblätter ab, deren Rand von einer Flamme angesengt schien. Sie trug die Schürze mit ihrer leichten Last zu einem Erdloch, das sie gegraben hatte, und sie versenkte sie dort, blaß und mit klopfendem Herzen. Sie hatte die Erde noch nicht über das sonderbare Grab gehäuft, als schon die Hand des Alten sie wegriß. Er zog sie vor ihren Vater, schreiend. Das Verhör war kurz.

„Warum hast Du mir meine Freude zerstört! Auf diese niederträchtige Weise?"

Veronika wußte keine Antwort. Sie hörte mit gesenkter Stirne den Befehl, acht Tage auf ihrem Zimmer zu verbringen.

Dieser acht Tage konnte sich Veronika nach Jahren noch erinnern. Das Zimmer lag im obern Stockwerk des Hauses, mit dem Blick auf die sanft den Abhang des Berges ersteigenden Terrassen. Sie waren künstlich angelegt; Erde war mit schweren Gespannen von weit her beigefahren worden: sie wurde gesiebt, mit ungeheuren Mengen genäßter und verfallender Pflanzenstoffe gemischt oder mit Steinen und Geröll vermengt, je nach den Ansprüchen der Pflanze, der sie dienen sollte. Veronika hörte den Vater zuweilen erzählen von Summen, die seine Liebhaberei ihn gekostet hatte. Aber sie vermochte sich niemals vorzustellen, daß eine Zeit gewesen sein könne, wo dieser Berghang, mit Felsblöcken übersät und duftigem Gras bestanden, die Weide wilder Ziegen gewesen war. Sie saß am Fenster, nach ihren einsamen Mahlzeiten und besonders am Abend. Der Garten rief nach ihr. Sie konnte nicht viel von ihm erkennen, da die großen und dichten Kuppeln des Strauchnachtschattens, das silbrige Gelaub des Baumtabaks dem Blick entgegentraten. Aber sie roch die feuchte Erde, mit Nässe gesättigt noch von der Schneeschmelze ferner Höhenzüge, die blau den Horizont begrenzten.

Sie roch die nasse Erde, sie schmeckte den Duft der jungen Blätter, sie spürte, was aus der dunstig-warmen Tiefe nach oben quoll, bleicher, drängender Keim. „Es wächst," dachte sie und schluchzte. „Und ich bin nicht dabei." Sie wurde in diesen Tagen, da ihr verboten war den Fuß über die Schwelle ihres Zimmers zu setzen, mit dem Garten vertraut. Sie ging seine Wege nach; aus einer prallen Sonne, wo die südlichen Pflanzen, wo Ölbaum und das harte Geäst der Kakteen ihren natürlichen Standort hatten, stieg sie hinab in das dämmernde Dickicht rasch und gewaltig sich ausbreitender exotischer Bäume, in deren undurchdringlichem Schatten die zarten und blassen Blumen des Nordens standen, Fingerhut, Akelei und, gegen den See zu, Narzisse und Iris. Sie wußte nichts von der Gegensätzlichkeit der Lebensbedin-

gungen, die hier ein leidenschaftlicher Wille zur Nachbarschaft
zwang. Als sie den Garten wieder betrat, war ihr erster Gang zu
der halbüberschütteten Grube. Sie fand die bunten Blätter, mit
Erde beschmutzt, vor Nässe halb verwest, mit fahler und verwa-
schener Farbe. Sie war traurig und weinte. Der alte Gärtner hatte
Mitleid mit ihr.

Sie bekam ein kleines Stück Erde zugewiesen, das sie bebauen
durfte. Sie erhielt Samen, die staubfein waren, und grobe Körner
mit stacheligen Auswüchsen, die einer kleinen und verdorrten
Kastanie glichen. Sie teilte die Erde in kleine Beete ab, zwischen
denen Wege liefen, sie ließ Hügel darüber sich erheben. Nachdem
die Samen aufgegangen waren, üppig ineinanderwuchernd, daß
der Garten dem verwachsenen Dickicht eines Urwaldes glich, begann sie, die einzelnen Pflanzen sorgsam voneinander und aus der
Erde zu lösen. Sie hielt sie mit ihrer kleinen braunen und harten
Kinderhand vor die Helle des Himmels und besah sie lange. „Du
bist ein Baum," sagte sie zu der langblättrigen Nelke und pflanzte
sie schräg an den Abhang eines Hügels. „Man kann sich anlehnen,"
dachte sie, „wenn der Wind da oben weht, daß man nicht ganz bis
auf die Höhe gehen will. Aber man kann doch schon weit hinabse-
hen – und der Wind wird in den Zweigen rascheln, die einem über
den Kopf hängen." Der Rasen war Moos – sie schnitt mit der Sche-
re die Blüte. Die Rosette der Primel stand als eine mächtige Staude
inmitten; ihr Blütenstengel schoß wie der Knospenschaft der Aga-
ve unerreichbar und sehnsüchtig zum Himmel empor.

Nachts, ehe sie einschlief, fielen ihr neue Wege ein, Wege, die, von
Büschen der Veilchen gesäumt und überhangen, Treppen hinab-
führen würden zu einem Teich; er war düster, denn das Schilf
des Grases schoß hoch um seine Ufer und der Schatten eines
[Erlen]zweiges stand als unvergängliche Wolke über seinem Antlitz. Sie atmete die fremde, ein wenig nach Moder schmeckende
Luft, die um ihn stand, bis in den Traum.

Es war dieser Garten im Garten lange Veronikas liebstes und ein-
sames Spiel. Einmal, als sie aufblickte, stand neben ihr der Enkel
des Gärtners, den sie zuweilen von fern beobachtet hatte, wie er,
pfeifend mit seiner üppig vorgeschobenen Lippe, die Hände in
den Taschen seiner kurzen und zerrissenen Hose, zwischen den
Beerensträuchern dahinstrich, ab und zu eine dieser Hände von
sich schleudernd und mit einer Frucht zu seinem Munde kehrend,
wie der Vogel zum Nest.

Sie sahen sich an. Gianni war älter als Veronika, obschon noch ein
Kind, verführerisch genaht der Grenze des Männlichen. Arme und
Beine, seine Haut zwischen den Fetzen der Kleidung waren von

einer makellosen bronzenen Bräune. Sein Gesicht, dunkler noch
unterm Schatten des schwarzen und stark gekrausten Haares,
üppig und kühl zugleich. Ein Ausdruck von Schläue im Winkel
seiner vor der Sonne gewohnheitsmäßig zusammengekniffenen
Augen machte es gewöhnlich.

Er zeigte grinsend sein starkes und schimmerndes Gebiß. Veronika reichte ihm von den Pflanzen, die einzusetzen sie eben im
Begriffe stand. Er folgte ihrem Beispiel stumm, mit einer Art be-
ruflicher Geschicklichkeit, sodaß die Arbeit, mit der Veronika sich
stundenlang beschäftigt hoffte, in Minuten erledigt war. Seufzend
erhob sie sich. „Wie heißt Du?" Er nannte seinen Namen: „Gianni."
„Wir wollen spielen."

Es dauerte eine Zeit, bis sie sich gut verstehen konnten. Gianni
sprach den Dialekt seines Dorfes – von wo er, wie es ihm gefiel,
sich auf den Weg machte, plötzlich stumm und ohne weiteres
der Tätigkeit des Großvaters sich gesellend. Veronikas Italienisch
war karg, nur aus den winzigen Erfahrungen ihres täglichen Lebens gespeist. Schließlich redeten sie nicht mehr viel. Sie fanden
langsam eine Art von Sprache, die aus kleinen Schreien bestand.
Sie konnten spitz sein und schrill wie der Schrei eines Raubvo-
gels, wenn er in der blauen Höhe über dem See seine Kreise zog.
Dann wieder dunkel, tief und gurrend, den Kehllauten nistender
Tauben ähnlich. Wenn Gianni Veronika rufen wollte, unweit des
Hauses hinter einer großen Magnolie versteckt, dann hatte dieses
Locken Ähnlichkeit mit dem Schluchzen, dem zärtlich-wilden Ge-
jaule verliebter Katzen. „Was sie nur haben?" fragte zuweilen die
Köchin bekümmert. „Es ist nicht ihre Zeit." Die Kinder brachten
Nachmittage zwischen den langen Reihen der Beerensträucher
hin. Sie sotten in einem glutheißen Sand, darin sie lagen, dünn
beschattet von dem Gelaub der Zweige, sie rupften liegend, mit
kleinen kurzen Bewegungen wie Ziegen mit ihren Lippen die vollen Trauben der Johannisbeere von den zerbrechlichen Stengeln.
Sie bissen Stachelbeeren an und ließen sich den Saft in einen
faul geöffneten Mund herab tropfen, sie zerdrückten die weiche
Frucht der Himbeere zwischen den bluttriefenden Fingern und
leckten ihren Saft. Sie schlichen [Lücke]
Veronikas Bewegungen wurden fließend wie die ihres Gefährten.
Über den Muskeln schob sich gleitend die dunkle, gesunde Haut.
Das Haar stand über ihrem haselnußbraunen Gesicht als eine gel-
be lohende Flamme.

Vereint erfanden sie ein neues Spiel: Veronika schloß die Augen
und reichte Gianni die Hand. Er drehte sie im Kreise, daß ihr Gefühl die Richtung verlor. Dann führte er sie, irgendwo hin. Hatten

sie vorher in der Sonne gestanden, so war es der Schatten, den er
suchte. War es der klare und geradlinige Beerengarten, von dem
aus sie die Wanderung antraten, so lenkte er ihre Schritte ins
Dickicht oder zum Ufer des Sees. Hatte er sie weit genug geführt –
mit aller Hingabe, auf Irrwegen oder zurück, über entlegene Stufen und Hänge, so öffnete sie die Augen: das vertraute Bild, uner-
wartet vor ihre Augen gerufen, erfüllte sie neu und wie ein erstes
Mal. Sie sah, was sonst, vorbereitet durch Weg und Wanderung,
sich der Erinnerung langsam ergab, plötzlich einsam vor sich,
gerundet im Kreis seines Daseins und es berührte sie mächtig: der
Raum einer Wiese, seltsam leer unter der Weite des Himmels; die
öde Fläche des Sees, von ihren Füßen ins Unerreichbare strebend;
der Schatten eines Gebüsches, mit einem kühlen Hauche sie emp-
fangend und leise in sein Leben beziehend.
Aber mit jedem dieser Gänge, die sie an der Hand Giannis tat,
wurde sie unverführbarer. Für ihre Augen, bereitwillige und ober-
flächliche Vermittler, traten die anderen Sinne in eine neue, ange-
strengte Tätigkeit. Ihr Fuß nahm durch die dünne Sohle die Beschaffenheit des Bodens wahr. Mit der Fläche ihrer Wangen fühlte
sie die Luft leise dahingleiten oder sanft gegen sich anflutend, je
nach der Richtung des Weges, den Gianni sie führte. Und dann
und vor allem dieses Aroma der Luft, wie war es hundertfältig zu
schmecken, spürbar in allen Poren! Da erhob sich, wenige Meter
vom Wegsaum entfernt, die Gruppe von Eucalyptusbäumen – ihr
scharfer und herber Duft zog um sie einen unverkennbaren Kreis.
Daß man den Standort des Jasmins, des Viburnums bestimmen
konnte, bewies nicht viel. Es war mehr dazu angetan, Erinnerungen an Reisen, den Aufenthalt an fernen Orten plötzlich und zauberhaft lebendig zu machen: einen Besuch in Deutschland; Abend
in einer Geißblattlaube, die wie dieses Viburnum geduftet hatte.
Oder die gleichgültige Straße einer Stadt, von der Veronika nicht
einmal den Namen mehr wußte, mit plastischer Eindringlich-
keit Haus an Haus gereiht, greifbar deutlich noch jeder Stein des
Pflasters, Dinge, die ohne Bewußtsein sie einst in sich aufgenommen hatte: wiederkehrend nun mit dem Hauch eines Duftes, der
damals vielleicht, Parfum einer Vorbeigegangenen, für Sekunden
über den Steinen gehaftet hatte.
Veronika bestimmte den Weg, den sie mit geschlossenen Augen
ging, nach solchen Gerüchen. Sie hatte einmal einen Zweig der
Zypresse zerbissen und der bitterliche Geschmack war ihr fest-
stellbar noch in der dünnen Verteilung, mit der er die Luft durch-
strich. Sie roch Feuchte und Trockenheit der Erde, die Wärme
einer Mispel am Baum: Gianni, nachdem er einmal durch einen

verwirrend über ihren Kopf geschwenkten Fliederzweig sie lange
in die Irre geleitet hatte – mit einem zärtlichen Grinsen nahm er
ihren Vorwurf entgegen – Gianni gab es auf.

Sie bezogen eine Art Zelt hinter dem grünen, auf allen Seiten bis
zur Erde reichenden Gehänge einer Trauerweide. Von dort aus
zogen sie auf die Jagd, kindlichen Bogen, von Gianni gespannt,
in den Händen. Sie banden Steine an langen Schnüren fest und
schleuderten sie vorüberrasend mit Siegesschreien um die Stämme der Bäume, wie um Gelenke hoch gebeinter Fabelwesen. Sie
stiegen im Gesträuch herum, schwangen sich mit der Biegsamkeit
ihrer geschmeidigen Körper in den Ästen, der Bäume. Aber einmal
geschah es, daß Veronika, zurück gewandt, um dem Gefährten
etwas zuzurufen, ausglitt, sich mit ausgebreiteten Armen an ein
paar Zweigen eben noch erhielt, ihr Rücken folgte der Biegung
des großen Astes, von dem sie abgeglitten war, das leichte Kleidchen bauschte sich weiß und wie ein Blumenblatt um ihre blassen Schenkel. Die Beine, noch von der Erschütterung des Sturzes
zitternd, suchten seitlich ins Gezweige tastend Stütze – (und) Giannis braunes Gesicht, noch einen Schatten dunkler, wühlte sich
in den Kelch der großen Blüte vor ihm, während sein Körper in
einem tiefen und dunklen Seufzen des Glückes bebte.

Wenn Veronika später sich an diesen Zwischenfall erinnerte, war
es zunächst der jähe und heftige Schrecken jenes Augenblicks, da
sie zu fallen glaubte, der sich einstellte und häufig wiederkehrend
noch in Träumen sie befiel. Dann ein Gefühl der Sicherung, des
eben noch Geretteten, voll einer Süße, die im Begriff sich auszu-
breiten, dann bekämpft, jäh überwunden war von einem neuen
Schrecken, süß auch er, allein von einer fremden, beängstigenden
Süße. Sie wollte schreien, sich wehren – als Giannis Schrei empört
und schmerzvoll ihr zuvorkam. Denn völlig unvermutet hatte er,
von der Hand des Großvaters im Genick gefaßt wie eine junge
Katze, auf dem Boden sich wiedergefunden und von dem Auf-
prall schmerzten ihm die Knochen. Veronika aber hoben Beppos
Arme sanft und väterlich herab und stellten sie auf die ein wenig
bebenden Knie. „Hat sich mein Täubchen sehr erschreckt, das
Kind ...“ und hier sich unterbrechend, da der Zorn ihm furchtbar
in die Stirne stieg, hob er den Arm und drohte in die Ferne, wo
Gianni schief geduckt entschlich, mit einem langen und bilderrei-
chen Fluch, in dem von Giannis Mutter die Rede war, einer von
Gott verlassenen, durch diesen Fluch nun allen bösen Geistern
anheimgegebenen Person. Veronika verstand das wenigste von
dieser Drohung, die er ausstieß, den Arm noch immer in jener
Richtung gereckt, in der Gianni entschwunden war; sein langes

und streifiges Haar wehte, er erinnerte sie an Moses aus der Biblischen Geschichte und sie schloß ihn ins Herz.

Sie folgte ihm von da in den künftigen Tagen voll Anhänglichkeit und Zuneigung, um so mehr, als ihr der Spielgefährte verloren war. Fern sah sie ihn zuweilen ins Gebüsch sich drücken, da der Alte, sowie er ihn erblickte, mit Scheltworten und Steinen nach ihm warf. „Er ist kein Hund," wagte sie einmal einzuwenden, obwohl ihr dieser Einwand Beppo gegenüber als undankbar erschien. Aber der Alte entfaltete wieder, von Zorn gerötet, eine biblische Beredsamkeit, in der die Bezeichnung Giannis als des Sohnes einer Hündin häufig wiederkehrte. Da schwieg sie still und wagte nicht mehr, Gianni in Schutz zu nehmen. Einmal begegnete sie ihm plötzlich und unvermutet, um eine Gruppe von Sträuchern biegend. Sie fand ihn sehr verändert, auf eine unerklärliche Weise ihrem Verständnis fern gerückt. Er sah, pfeifend mit seinen üppig vorgeschobenen Lippen, die Hände in den Taschen seiner kurzen und zerrissenen Hose, ihr mit einem spöttischen, verachtungsvollen und frechen Lächeln mitten ins Gesicht.

Veronika verbrachte ihren Tag, soweit es ging, an Beppos Seite. Seine Tätigkeit wurde ihr langsam vertraut; sie war ins Tiefe gehend, angestrengt, nicht zu vergleichen dem erfreulichen Spiel auf ihrem eigenen kleinen Stückchen Erde. Denn was sie hingenommen hatte dort als Grund, der Boden, der Gras und Blumen selbstverständlich trug wie ihre Füße, – wie war er nun in Wahrheit tausendfältig, war Nahrung, seinen Geschöpfen sorgsam zubereitet, bekömmlich hier dem einen, das andere verderbend, wie war er mächtig und geheimnisvoll! Sie schaute Beppo zu beim Mischen dieser Erde, die er ihr unter die Nase hielt, an ihre Lippen schob, damit sie den Geschmack aufnehme. „Fett" sagte er zum Beispiel, denn in der Arbeit sparte er die Worte. Dann sah Veronika eine ölig-glänzende Masse, zerdrückte sie auf ihrer Zunge und fühlte so, was sie zu geben wohl im Stande sei: sie würde Pflanzen nähren, üppig-gedunsen wie sie selbst, die ihrerseits dem Menschen wieder als Nahrung dienten.

Es wurde an ihr eine gewisse Sorte Kohl gemästet, man zwang ihn, Fett zu produzieren, seine Natur verleugnend, in eine weiße fleischige Dolde zu wuchern. Veronika fand, er schmecke krank. Aus Gärung und Fäulnis des Komposthaufens schuf die Melone ihr grünlich-gelbes, süß triefendes Fleisch. Aus einer mageren Krume zog die Tomate ihre Glut, ihr Mark die Artischocke aus Sand. Und dann die Blumen! Wie wurde ihnen geschäftig und mit Hilfsbereitschaft in Treibhäusern die Mahlzeit zugemessen: die Orchidee sog aus Torf, an Drähten aufgehängt, aus einem Gefilz

von Moder ihre strahlend schöne Blüte. Es wohnten jeder Sorte
Erde geheimnisvolle Kräfte inne: verwandelt, sichtbar traten sie
in der Pflanze ans Licht. Veronika, wenn sie darüber nachdachte,
wie einst bei jenem Spiel, das einen Duft in die Vergangenheit
zurückverfolgte, sah Winkel dieser Erde vor sich, die wie ver-
fehmt erschienen, verflucht und darum mit verfluchtem, sün-
digem Gewächs bestanden. Es wuchs entlang an Zäunen, noch
immer nicht aufgenommen von einer reineren Pflanzenrasse,
die einen guten Boden bestand, von außen durch die Straße mit
Staub überschüttet, vom Unrat der Hunde besudelt, kümmerlich
ein Leben fristend, namenlos gering. Es waren kleine gelbe Blüten, schielend und gehässig; zerbrach man einen Stengel, floß wie
Eiter ein weißlich-gelber, übel duftender Saft. An trägen Flüssen
stand, mit fettem Kraut, unendlich sich vermehrend, ein niede-
res Gewächs mit einer trüben blau-violetten Blüte, Spiegelung
des moorigen und abgestandnen Wassers, aus dem sie stieg. Da
waren Äcker, verderbt in ihre Tiefe; Quecke durchzog sie still, mit
einem bescheidenen Anspruch an das Licht des Tages, doch in der
Dunkelheit drunten fressend wie eine Seuche.

Veronika erinnerte sich dieser Bilder, während sie den Alten
mit kleinen Handreichungen unterstützte. Sie lief, ihm Rechen
und Spaten zuzulangen; sie half ihm beim Einsetzen der kleinen
Pflänzchen, das ihre kindlich-kurze Geduld auf eine harte Probe
stellte. Sein Lob machte sie glücklich; ihn rührte ihr Vertrauen;
daß sie ihn „Beppo" nannte, empfand er immer neu als eine Zärt-
lichkeit, die er sich gern verschaffte, indem er seine Schwerhörig-
keit ein wenig übertrieb. Denn ließ die Arbeit eine Viertelstunde
frei, so unterhielten sie sich vorzüglich. Es waren nicht nur die
verschiednen Sorten Erde, die Veronika im Lauf der Zeit nach
ihrer Zusammensetzung kennen und beurteilen lernte, nicht nur
die Pflanzenwelt nach Anspruch und Instinkt, da waren, nicht zu
übersehen, ihre Schädlinge, war tausendfaches Getier an seinem
Werk der Vernichtung. Ihm galt zuzeiten Beppos haßerfüllter und
wenig aussichtsvoller Kampf.

Denn seine Zahl war Legion. Es segelte durch die Luft, lief über
den Boden, kroch an Stengel und Zweig entlang. Es mordete und
verdarb auf jede erdenkliche Weise: durch Schwellung, Ausschlag
und Gespinnst. Es fraß von unten her die junge Pflanze an, zog
sie hinab, daß nur die Spitze der Blätter noch über der Erde stand.
Es bettete sich in einer ekelhaften Wolke von Schaum am Stengel
fest. Es zog durch Früchte seine abscheulichen, mit Unrat ange-
füllten Gänge. Es fiel gleich einem giftigen Regen über die Blätter
der Rebe. Es ballte im Gezweig der Zypresse sich zu einem moo-

sig-verfilzten, schwärzlich wimmelnden Nest. Es war da, überall;
wo etwas wuchs, da wuchs es mit.

Veronika betrachtete es mit einem tiefen Grauen. Mit der Verwandlung von Erde in Gras, in Blumen, Bäume hatte sie sich
gern vertraut gemacht. Nun aber schritt diese Verwandlung fort,
unheimlich fort: auf dem zart grünen Stengel der Rose stand zart
grün die Schar der Blattläuse nebeneinander aufgereiht, haar-
feine Rüssel in den Stengel eingebohrt. Sie sogen schweigend
diesen grünen Saft, der ihre Leiber glasklar schimmern ließ, sie
waren wie ein winziges Gefäß, mit diesem Saft gefüllt, nur war
die Wand dieses Gefäßes ein unbegreiflich Neu-Hinzugekomme-
nes, denn sie bewegte sich, sie kroch. So ging es übrigens auch
der Staude des Blumenkohls. Eine dicke Raupe machte sie sich
schnell und gefräßig zu eigen. Sie baute sich an den Leib, weiß
und feist wie die Pflanze, aus der er entstand. „Es ist, als hätte
man sie aus Blumenkohl geschnitzt," dachte Veronika, „nur daß
sie immer dicker wird."

Nicht, daß sie gerade Ekel empfunden hätte. Aber als dann, ent-
setzliches Wunder, aus dem träge und unbeweglich gewordenen
Rücken dieser Raupe ein Gewimmel von Maden sich hob, fuhr sie
zurück und erbrach.

Sie beruhigte sich wieder, als Beppo ihr diesen Vorgang erklärt, als
sie die Wespe gesehen hatte, wie sie, mit einem bösen und un-
bewegten Gesicht minutenlang in den Anblick ihres Opfers ver-
senkt, leise zitternd, wie Luft unter der Hitze zittert, schließlich
den langen Stachel in das verzweifelt sich krümmende Fleisch
versenkte. „Erst war es Erde," begann Veronika an ihren Fingern
aufzuzählen, „die Erde ist Blumenkohl geworden, dann eine Raupe. Jetzt ist es eine Wespe. Was wird dann aus der Wespe, Beppo?" fragte sie. Aber Beppo zuckte die Achseln.

Er hätte wohl antworten können, daß diese Art von Wespen den
Vögeln vielfach zur Nahrung diene. Doch war er müde und ver-
drossen. Er, der nur in den Tagen der angestrengtesten Arbeit die
beinah verstohlene Hilfe seines Sohnes, seiner Enkel geduldet
hatte, er fühlte sich nun, lange vor dieser Zeit, müde und auf eine
befremdliche Art der Arbeit abgeneigt. Trotzdem verspürte er
keine Lust, darüber nachzudenken, was aus der Wespe werden
würde. „Dummes Zeug" sagte er nach einer Weile ohne Zusam-
menhang. „Nichts als dummes Zeug." […]

ANNA LOUISA KARSCH

# Vorbitte wegen eines Nußbaums an Palemon

*(Zu Magdeburg den 18ten des Herbstmonats 1761)*

Erheitre nicht des Garten-Hauses Wände,
Und fälle nicht, um einer Handbreit Raum,
Durch Eisen und durch zwey gedungne Hände,
Den schattigten Baum.

Selbst der Prophet, der Ninivens Verderben
Hartnäckig foderte, ganz Menschenfeind,
Hat einst, gerührt von einer Pflanze Sterben,
Den Kürbis beweint.

Und du, ganz Menschenfreund, du willst die Hiebe
Im hohen Baum? auf dessen Zweigen oft
Ein Vogel singt, der lockend, seiner Liebe
Befriedigung hofft?

Das willst du nicht. Denn wann auf weichem Sitze
Du wie ein Fürst, in selbst geschaffner Ruh
Dich hier verbirgst, dann decket vor der Hitze
Sein Schatten dich zu.

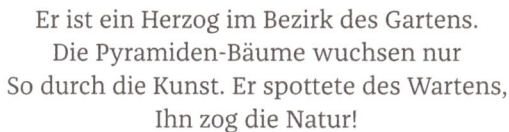

Er ist ein Herzog im Bezirk des Gartens.
Die Pyramiden-Bäume wuchsen nur
So durch die Kunst. Er spottete des Wartens,
Ihn zog die Natur!

O welch ein Leib! mit was für starken Gliedern
Versah sie ihn! So stand in Priams Stadt
Einst Hector unter allen seinen Brüdern,
Von Kampfe nicht matt.

Dein Baum, der Held, steht, wann der Frost dem Leben
Des Weinstocks und des Pfirsich-Baumes droht,
Dann steht er von Pomonens Schutz umgeben,
Nicht fürchtend den Tod.

Mit andern Trauben als der Weinstock träget
Prangt er im Herbst; und liefert seinem Herrn
Indem ein Holz ihn unbarmherzig schläget
Den lieblichen Kern,

Gewachsen in dem Umfang harter Schalen.
So liegt im schlechten Cörper oft versteckt
Ein Herz, nicht mit dem Glanze zu bezahlen
Der Mißgunst erweckt.

So hart wie sie, soll gegen fremde Lüste
Dein Mädchen seyn, für dich allein nur schön.
Weyh ihr den Baum, und sag einst: du Geküßte!
Dir ließ ich ihn stehn!

ELISABETH VON ÖSTERREICH

# Titanias Zauber-schloss. Villa Hermes

Verzaubert der Garten, verzaubert das Schloss,
Der Jüngling musst' warten, trotzdem 's ihn verdross.
Ein lichtgrünes Märchen im mailichen Schmuck,
Doch liebenden Pärchen ist abhold jetzt Puck.
Es duften die Linden, der Weissdorn erblüht,
Ein Laubdach zu winden sind Buchen bemüht;
Die Eichen entfalten ihr zartestes Grün,
Den Zaubergewalten, die rings sie umblüh'n.
Der Jüngling muss warten, auch wenn's ihm verdriesst,
Puck ist's, der den Garten heut sorglich verschliesst.

ELSE LASKER-SCHÜLER

# Die weiße Georgine

Manchmal finde ich eine noch unaufgeblühte Blume am Fuß eines Hauses auf dem Trottoir oder auf dem Marktplatz liegen, meist zusammengekehrt mit Abfällen von Gemüsen und wurmstichigem Obst. Es ist etwas so recht Trauriges, eine geknickte Rose oder eine glühende Nelke oder von seinem Stengel gelockerten, noch gesunden, gelben Löwenzahn zwischen faulgewordenen Nahrungsmitteln zu finden. Und erst ein flehendes Vergißmeinnicht! Ich hebe heimlich die arme verlorene Blume auf und trage sie in mein Zimmer. Manchmal bemerkt es ein Mensch und dann trifft mich regelmäßig derselbe erstaunte und fragende Blick und das überlegene, wohlwollende Lächeln eines Auges, das gutmütig darüber zu schweigen verbürgt. Ich aber bin beglückt, die liebe Blume in meiner Hand zu tragen – wie man sich auch eines verirrten Kindleins erbarmt oder einen Vogel aufhebt und ihn zurücklegt in sein Nest. Ich liebte die weiße Georgine, die ich fand, verschmachtet am Rinnstein der Gasse. In meiner Hand bräunlicher Schale trug ich sie heim – und oft lächelten wir uns an – ich und die Georgine. Wärme wehte um mein sehr entlaubtes Herz, in der Zeit sich die kleine Blume erholte. Ach – ich fühlte mich ja so vereinsamt zwischen Sonnenstrahl und Sonnenstrahl ... wenn doch nur eine Dolde wieder am Zweig meines Lebens aufgolden möchte! Mit besonderer Obhut badete ich, in meinem Zimmer angelangt, die weiße Georgine. Prüfte den Grad des Wassers gewissenhaft mit den feinnervigen Fingerspitzen; mir war die schon arg mitgenommene Blume anvertrautes Gut. Ich stellte sie in mein weites Wasserglas und das Wasserglas über mein Waschbecken zu den Dingen, die ich benötige am Morgen, mich für den Tag zu erfrischen und zu stärken. Mein großer Schwamm neben der Seife im Hochparterre, zwischen Bassin und Glasscheibe, glotzte mit seinen vielen Augenlöchern heimlich und heilig empor zu meiner Findelblume weißer Glorie. Ich beobachtete es mit Genugtuung, ebenso den, wenn auch etwas steifen Knicks meiner kleinen Zahnbürste. Mein Kamm jedoch hatte sich auf den *ersten* Blick in meine weiße Georgine verliebt. Ich weiß noch von dem Gespräch zu erzählen, das zwischen der netten Verkäuferin und mir sich an den mir erstandenen Saphir knüpfend entspann. Ich anvertraute dem jungen Fräulein, daß für mich der kleinste Laden einer Stadt oder eines Dorfes einen Spielladen bedeute, dessen Ware, und handle es sich auch um Scheuertücher und Besen, Staubwedel sich in Spielsachen verwandelten in meinen Augen. Und mich darum jedes Schaufenster zum Verweilen zwingt. Ich sehr oft sogar Mühe habe, mich weiter zu bringen von dieser oder jener Laden weide. „Müssen Sie noch glücklich sein können, liebe Dame!" So meinte das Fräulein, und wir kamen überein, daß Menschen mit erwachsenen Augen sich doch schrecklich langweilen. Ich habe es sehr begrüßt, daß sich meine weiße Georgine für meinen blauen Kamm ebenfalls innig zu interessieren schien. Und selbst empfand ich ja eine so große Freude, wenn ich ihn durch meine dunklen Haare gleiten ließ. Nur die Seife schäumte heftiger! Das viele Geflüster machte sie nervös. Ich aber lauschte gespannt, über den Alltag aller reinigenden Dinge gelehnt, den Worten des blauen Kamms und seiner Georgine. Sagte ich es einmal oder sagte es ein anderer? Alle Dinge, mit denen man sich liebend umgibt, beginnen zu leben. Und wie erst mag Gott seine Welt und alle Geschöpfe geliebt haben. In den runden Mond guckte ich eine Weile und war keineswegs, wie die beiden Verliebten annahmen, ins Cinema spaziert, um so bald nicht wieder heimzukommen. Aber ich glaubte wirklich auf dem Mond zu sein - da ich meinen Kopf zurückbog und in meinen Raum schaute die Georgine aus dem Wasser gestiegen ... oder gerade im Begriff, es zu verlassen. Nur die Taube, die am Abend sich ihr Brotgoulasch noch spät von meinem Fensterbrett holt, ist mein geflügelter Zeuge. Aber einem Vogel glaubt ja kein Mensch. Darum beteure ich, es war die süßeste Stimme, an die sich mein Ohr erinnerte, als meine Georgine zu sprechen begann. „So blau wie du bist" - sagte sie zu meinem Kamm, „denke ich mir das Paradies" ... Darauf wagte der blaue Kamm in aller Bescheidenheit zu entgegnen: „Und so weiß wie du bist, liebe Georgine, wünsche ich mir immer eine Hand, die mich durch die seidige Flut liebli-

cher Staubfäden gondeln ließ." „Meine Mutter kam im Paradies
zur Welt", erzählte Georgine dem Kamm. „Ganz nah am Meerbusen, am Meerbusen" … wiederholte poetisch meine schwärmerische Blume. „Mitten auf dem Rasen in Eden hatte der Gärtner
meine Mama gesäet." Mein Kamm zeigte seine tiefblauen Zähne,
bevor er wagte, seine Scheheresade zu unterbrechen: „Ich bin
nur ein Kamm, wenn auch ein blauer – und es kommt mir gewiß
nicht zu, eine Georgine, dazu noch eine weißduftende, in ihrer
Erzählung zu unterbrechen, aber wissen möchte ich doch, zumal
ich an deinen Worten keinen Zweifel hege, welche Magie dich aus
dem überirdischen Lande deiner hochverehrten Frau Mutter hier
in das irdische Leben verpflanzte." Ich habe meinem Kamm trotz
seiner Bläue diese vollendete Sprache und Geste nicht zugetraut.
„Lieber Kamm", lächelte schwermütig die geschmeichelte Georgine, „frage nur immerhin, aber blicke mal schneller empor in die
Wolken! Gerade fallen ein paar Sterne auf die Erde! Und wie denen erging's meiner schönen Mama.

> Und stände ich im Paradies
> Und könnte dichten –
> Ich reimte heute ein Gedicht wie dies."

„O!" rief der blaue Kamm begeistert, und weiter sagte er nichts.
Und da die weiße Georgine nicht ganz zufrieden mit der kurzen
Äußerung ihres verliebten Nachbars zu sein schien, fragte sie
der Kamm, welche unter den Blumen wert, ihre liebste Freundin
zu sein. Da erinnerte sich Georgine an ihre liebste Vertraute, an
die Fingerhutblüte. „Die Elfen setzen sich auf ihre zarten Finger,
wenn sie sich aus Spinngeweben und Pustelblumenhaar ein
Kleid nähen." „Wie schön du zu erzählen weißt", komplimentierte
ohne aufzuhören der Kamm, und er sah im Geist die weiße
Georgine – ein weißes Silberstäubchen – aufsteigen. „O!" rief zum
zweiten Mal der blaue Kamm. Und meine Georgine begab sich,
wieder scheints etwas ermüdet, doch huldvoll und huldigend in
ihr Wasserglas, in ihren kleinen gläsernen Wohnraum. Und beide
kamen überein, der Kamm und seine Georgine, Sterne zu werden –
und solche, genau solche, die man durch das geöffnete Fenster
am Himmelszelt glitzern sehen konnte. „Es muß schön sein",
meinte Georgine, „ein Leben lang zu glitzern" … „Und nie würden
wir vom Himmel fallen, ich noch du, meine weiße Milchstraße
… Die Menschen mögen sich gefälligst auch ohne unser Zutun
etwas wünschen."

SARAH KIRSCH

# Erdreich

Nachrichten aus dem Leben der Raupen
Der Kuckuck stottert und die gebackenen Beete
Zerreißen sich wenn ich Gießkannen schleppe
Die mir überantworteten Gewächse verlausten Gemüse
Hilflos betrachte, als ich vor Jahren
In meines Vaters Garten ging
Gab es die siebfachen Plagen
Höllisches Ungeziefer nicht und der Boden
Tat noch das Seine, der hier
Ist ein Aussteiger niederträchtig und faul
Ihn muß man bitten den Dung
Vorn und Hinten einblasen sonst bringt er
Nicht maln Pfifferling vor was müssen die Menschen
Das Erdreich beleidigt haben, mir erscheint
Siebenundzwanzig Rosenstöcke zu retten
Ein versprengter Engel den gelben Kanister
Über die stockfleckigen Flügel geschnallt
Der himmlische Daumen im Gummihandschuh
Senkt das Ventil und es riecht
Für Stunden nach bitteren Mandeln.

ROSE AUSLÄNDER

# Der Garten

Der Garten
Öffnet seine Rosen
Sie duften sich
Sonnenworte zu
Nur Liebespaare
Fangen sie auf
Und grüßen zurück
In der Rosensprache
Rosen antworten rot
Mit herzlichem Duft
Duftworte
Die sich liebkosen

## ELISABETH LANGGÄSSER

# Mein Ursprung ...

Begreift ihr nun? Mein Ursprung ist der Hauch.
Ein Hauch ist nichts. Und ist der Name auch.
Erfühlt es tief. Mein Ende ist der Duft.
Sehr sanft entläßt ihn meines Namens Gruft.
Die Gruft ist leer. O neu gehauchtes Glück:
Die Welt strömt ein. Ich atme sie zurück.

ELIZABETH VON ARNIM

# Am August-Himmel waren keine Wolken

Am August-Himmel waren keine Wolken, und unvermittelt stieg die Sonne aus dem Roggenfeld, ein großer, nackter, roter Ball, und das Grau des Felds verwandelte sich in Gelb, lange Schatten lagen auf dem Gras, und die von Feuchtigkeit besprühten Blumen funkelten wie Diamanten. Während ich da saß und das alles in mich aufnahm und mir einbildete, zutiefst zufrieden zu sein, fiel plötzlich die Gewißheit von Schmerz und Leid und Tod wie ein schwarzer Vorhang zwischen mich und die Herrlichkeit des Morgens, jener Gedanke, dem ins Gesicht zu sehen es unseres ganzen Mutes bedarf – die Vorstellung von der schrecklichen Einsamkeit, in der jeder von uns lebt und stirbt. Oft könnte ich weinen vor Mitleid mit unserem Elend, der trostlosen Vergeblichkeit unserer Mühen. [...] Und wie oft versagt diese kunstreiche Vorsorge in dem Augenblick, wo uns ein tödlicher Schlag trifft.

Der August ist da, er kleidet die Hügel in goldene Lupinen und bedeckt die Grasböschungen mit Glockenblumen. An wolkenlosen Tagen sind die Lupinenfelder so herrlich, daß ich in letzter Zeit die Wälder gemieden habe und nur im Land herumgefahren bin, um mich an ihrem Duft zu ergötzen und meine Augen an ihrer Schönheit zu weiden. Ein leuchtend-oranger Abhang, der gegen den Himmel ragt, ist ein Anblick, der mich vor Glück fast Schmerz empfinden läßt. Die aufrechten, kraftvollen Blütendolden haben etwas von Hyazinthen, doch sie glühen in einem so himmlisch starken Licht, wie es gelbe Hyazinthen nie und nimmer fertigbrächten. Sie sind auch nicht wächsern, sondern samtig, ihr Blattwerk hängt nicht schlaff herunter, es bildet vielmehr zarte, doch kräftige Zweige von erlesenstem Graugrün, und die Blüte daran webt einen Schleier über das ganze Feld. Was den Duft betrifft, so ist er im wahrsten Sinne des Wortes paradiesisch. Die ganze Pflanze ist ein köstlicher Anblick – Form, Wuchs, Blüte und Blatt. Die Pferde müssen sich schon sehr in Geduld fassen, wenn wir zu den Feldern fahren, weil ich nie genug davon bekommen kann, ganz still und glückselig mitten darin zu sitzen. Nicht weit davon zieht sich eine niedrige Hügelkette nach Norden und Süden hin, ganz baumlos, und an ihrer Ostseite verläuft ihr zu Füßen so etwas wie eine Schotterstraße, die man jedoch behutsam befahren kann. Jenseits der Straße erstreckt sich die Ebene weit nach Osten und Süden. Hügel und Ebene sind jetzt eine einzige Goldfläche. Ich bin dort zu allen Tageszeiten hingefahren – ich kann einfach nicht anders –, habe sie am frühen Morgen, am Mittag und am Nachmittag gesehen, auch nachts im Mondlicht, wenn die leuchtende Farbe weggewaschen und nur der Duft geblieben ist. Doch der erhebendste Augenblick kommt, wenn die Sonne eben hinter den Hügeln untergeht – das ist so berauschend, man fühlt sich, als sei man geradewegs am Himmelstor angelangt.

Dies ist der Monat der stillen Tage, des karmesinroten wilden Weins und der Brombeeren, der heiteren Nachmittage im reifenden Garten, des Teetrinkens unter Akazien statt unter allzu schattigen Buchen, des Holzfeuers in der Bibliothek an frostigen Abenden. Die Kinder gehen nachmittags ins Freie und pflücken Brombeeren von den Sträuchern, die drei Kätzchen, inzwischen groß und wohlgenährt, sitzen auf der sonnigen Verandatreppe und putzen sich; der Grimmige schießt jenseits der fernen Stoppelfelder Rebhühner; und der Sommer scheint für alle Zeit weiterträumen zu wollen. Es ist so schwer, sich vorzustellen, daß wir in drei Monaten wahrscheinlich eingeschneit sein werden und sicherlich frieren. Dieser Monat hat etwas an sich, das mich an den März erinnert und an frühe Apriltage, wenn der Frühling noch zögernd auf der Schwelle steht und der Garten erwartungsvoll den Atem anhält. Die gleiche Milde ist in der Luft, und der Himmel und das Gras haben das gleiche Aussehen; nur das Laub erzählt eine andere Geschichte, und der sich rötende wilde Wein am Haus nähert sich rasch seiner letzten und schönsten Prachtentfaltung.

Meine Rosen haben sich im ganzen so verhalten, wie zu erwarten war, und die Vicomtesse Polkestones und Laurette Messimys haben herrlich geblüht, letztere waren bei weitem das Schönste im Garten, jede Blüte aufs feinste locker zusammengesetzt aus einzelnen korallenrötlichen Blütenblättern, die nach innen hin zu einem Weißgelb verblassen. Ich habe hundert Rosenbäumchen bestellt, um sie im nächsten Monat einzupflanzen, die Hälfte davon Vicomtesse Folkestones, weil die Teerosen die Angewohnheit haben, ihre Köpfchen zu senken, so daß man sich niederknien muß, um sie in ihrer Zwerggröße richtig anschauen zu können – nicht, als ob es mir mißfiele, daß man das Knie vor solch vollkommener Schönheit beugt, nur macht man sich dabei die Kleidung dreckig. Ich werde darum Rosenbäumchen beiderseits des Wegs unter den Südfenstern setzen und somit die Blumen in passender Höhe zur Huldigung haben. Ich fürchte nur, daß sie den Winter weniger gut überstehen als die Zwergsorten, da es so schwierig ist, sie fachgerecht abzudecken. Das Persisch-Gelb und die Bicolors sind, wie ich es voraus gesagt habe, ein Mißerfolg zwischen den Teerosen gewesen; sie blühen nur zweimal in der Saison, und in der übrigen Zeit sehen sie gelangweilt und trist aus; hinzu kommt, daß das Persisch-Gelb einen solch unangenehmen Duft hat und von unzähligen Insekten von innen her aufgefressen wird. Ich habe sie durch Safrano-Teerosen ersetzen lassen, da diese im nächsten Monat aufblühen werden und grüppchenweise in den Rasen gesetzt werden sollen, und weil sich der Halbkreis unmittelbar vor den Fenstern befindet und zudem den besten Standort hier bietet, muß er ausschließlich meinen ganz besonderen Kostbarkeiten vorbehalten bleiben. Ich habe zahlreiche Enttäuschungen erlebt, aber ich habe das Gefühl, als lernte ich jetzt wirklich dazu. Demut und größte Beharrlichkeit scheinen fast genauso notwendig beim Gärtnern wie Regen und Sonnenschein, und jedes Mißlingen muß als Sprungbrett für Erfolgversprechenderes dienen.

CLAIRE GOLL

# Es werden die Klagerosen kommen

Es werden die Klagerosen kommen
In ihren durchnäßten Shawls,
Die Jungfrauen unter den Rosen
Mit den wächsernen Wangen, immer in Weiß.
Die kleinen Moosrosen, Dorfmädchen mit Sommersprossen,
Die die Baumschule schwänzen,
Die fröstelnden Waisen
Mit ihrem Vormund aus Bambus,
Und die alten Rosen krankend
Am Schanker des Rosenstocks:

Es werden die Rosen aller Maimonate kommen,
Die Heckenrosen, Rosen des Volks,
Und die mondänen Rosen der Schlösser,
Die billigen Bastardrosen,
Die Prinzessinnen aus Bengalien,
Die Töchter des Hafis,
Und du, erste Rose aus der Hand des Geliebten,
Konkurrentin der himmlischen Rose!

Alle Rosen der Welt
Werden auf unserem Grabe weinen.

### BETTINA VON ARNIM

# Die Rose hab ich mit ins Bett genommen

*Aus: Goethes Briefwechsel mit einem Kinde*

Die Rose hab ich mit ins Bett genommen. – Was soll sie im Glas langsam welken – überall sollt man ein Heiligtum der Natur mit herumtragen, das frei macht vom Bösen; wer kann in Gegenwart einer Rose nicht mit edlen Gedanken erfüllt sein, ich hab's lieb, das Röschen, mit dem ich geschlafen hab – es war matt; nun hab ich's ins Wasser gestellt, es erholt sich. – Ich bin so dumm, ich schreib so einfältig Zeug – der arme Gärtner. –

FRIEDERIKE KEMPNER

# Das Ideelle

Wie die Rose unter Dornen,
Steht das Ideelle jetzt,
Nur das Scheußlich-Materielle
Kommt zuerst und kommt zuletzt!
Wird gepredigt aller Orten,
Als Vernunft, Gebot der Zeit,
Und mit Beispiel und mit Worten
Macht es überall sich breit.
Aber wie die Röslein blühen,
Ungetrübt und ewig rein,
Bleibet alle Schönheit sein,
Trotz der Dünste, die da ziehen!

### ANNEMARIE HERLETH

# Mohnblume am Abend

Drüben, wo des Kornfelds Wogen
Reifen in der Sommerglut
Und ein Teich, den Himmel spiegelnd,
Sanft im Grün der Wiese ruht,

Leuchtet an dem stillen Ufer
Flammenleicht ein roter Glanz.
Fiel die schönste Strahlenrose
Aus dem vollen Sonnenkranz?

Durch das Grün der Wiese schreitend
Bei der Grille Silberton
Find ich an dem stillen Ufer
Einsam deine Blume, Mohn!

Niederkniend möcht ich küssen
Deine schwesterliche Pracht.
Doch du schaust vom Blütengrunde
Warnend auf wie finstre Nacht.

Deine seidenzarten Blätter
Haften leise nur am Stiel.
Traurig wär's, wenn ich dich küßte
Und, o Mohn! dein Kelch zerfiel.

### ELISABETH KUHLMANN

# Die letzten Blumen starben

Die letzten Blumen starben!
Längst sank die Königin
Der warmen Sommermonde,
Die holde Rose hin!

Du, hehre Georgine,
Erhebst nicht mehr dein Haupt!
Selbst meine hohe Pappel
Sah ich schon halb entlaubt.

Bin ich doch weder Pappel,
Noch Rose, zart und schlank;
Warum soll ich nicht sinken,
Da selbst die Rose sank?

ELSE LASKER-SCHÜLER

# Unser Gärtchen

Als mein Vater noch die Wege mit glitzerndem Kies schmücken ließ, dessen Kristall wir beide von der Laube aus bewunderten, da wurde ich mir des kleinen Garten noch gar nicht recht bewußt. Eigentlich war er ja ein lebendiger Spielladen mit grünerlei Bäumen und blühendbehangenen Sträuchern, die die vielen bunten Blumen, die Primeln, die Vergißmeinnicht, samtnen Stiefmütterchen und Astern und Georginen beschatteten. Heute möchte ich mir den ganz kleinen Garten in ein Glas auf meinen Tisch stellen. Im Herbst fielen die wilden Kastanien in ihrer Stachelhülle auf den schon zertretenen, mit Erde vermischten Kies; manche auch ins zottige, abgenutzte Gras, plumps hinein! Wir Kinder hoben die grünen Igel auf; so nannten wir die entzückenden Dinger und brachten sie auf den eisernen, runden Tisch, darauf wir Markt spielten, meine vier Freunde und ich. Und sammelten die großen, vom Regen schon rostigen Blätter, rippten sie aus oder banden sie zu Kohlköpfen zum Verkauf für unseren Stand. Machten uns an die Sträucher, wir kleinen Räuber, denn nach den milchigen Knallerbsen war große Nachfrage. Vorsichtig legte ich eine nach der anderen den Jungens in die Hand. Ich durfte sie nur abpflücken und haftete für die Zahl. Der Pülle Kaufmann aber ließ heimlich, wie er versicherte, unabsichtlich – ab und zu eine besonders dicke zur Erde fallen und knallte sie mit dem Absatz auf. Meine Freunde trappelten dann vor Wut auf die späten Beete, purzelten kopfüber in die Dornen der Rosenbüsche. Voll Kratzwunden, in den vielen Fingerchen Dornensplitter, lief jeder von uns heulend zu seiner Mama; trafen uns aber sehr bald wieder mit getrösteten Schokoladenmäulern am Garteneingang, dem Pülle klebte zwar eine Korinthe in der Grube seines runden Kinns. Unser kleiner Garten war unser gemeinsames Spielzimmer geworden, das heißt, nur im Herbst, denn schon im Vorsommer trank „Frau Schüler" unter der Silberesche mit ihren Töchtern Kaffee. Meine fünfjährigen Freunde hatten enormen Respekt vor meiner Mama, sie war auch gar nicht mit anderen Mamas zu vergleichen. Auch sprach sie französisch zu meinen älteren Schwestern, namentlich dann, wenn wir Kinder etwas nicht wissen sollten, meist handelte es sich um freudige Überraschungen. Nur in ihren Sonntagsanzügen wagten sich meine Spielgefährten schüchtern mit einer Bestellung von zu Hause an meine lächelnde, majestätische Mama heran, die sie aber auch dem entsprechend wie junge Gentlemen aufmerksam behandelte; bis sie sich nach einer Weile manierlich mit einem tiefen Knicks und einem Stück Torte mit Frucht, gesittet verabschiedeten; durch die Gartenpforte stolzen Mutes schoben. Zwischen den lappigen, behaarten Blattohren reiften endlich die Haselnüsse! Von denen wußten nur Alfred Baumann und ich. Ich hatte Vertrauen zu ihm, er war auch schon sieben Jahre alt, trug das Haar an der Seite gescheitelt, und nicht wie die Borsten einer Zahnbürste kratzköpfig zu Berge. Und seine herrliche, karierte Krawatte paßte genau zu meinem Kleidchen. Er war mein Bräutigam – und duldete nicht, daß mich die anderen Jungens pufften. Er kehrte regelrecht über den Zaun geklettert zurück, wenn der Paul Stern und der andere Pülle und der gelehrte Walter, der schon eine Brille trug, nach Hause rannten. Seine neuen großen Vorderzähne verstanden im Nu die Nüsse aufzuknacken, es krachte nur so, und wir guckten um uns wie emsige Eichhörnchen. Er gab mir stets den ersten Kern zu beißen, er war Kavalier, wenn er danach sich auch zwei Nüsse hintereinander aufknackte und die Schalen einfach in den Strauch zurückspuckte. Eine einzige von den geheimnisvollen Nüssen schmeckte uns besser, als eine ganze Tüte auf dem Markt gekauft. Manchmal fanden wir auch noch Stachelbeeren und Johannisbeeren an einem Strauch, die mein Vater mit des Gärtners Beihilfe vermählt hatte. Ein kleines Naturspiel. Streng verbotene Früchte, denn die pflückten meine Schwestern für die Köchin zur Beigabe des Bratens ab. Aber auch an unserem sauren Kirschenbaum hing noch eine herzige, rote Kirsche, oben am Gipfel, ganz hoch im Geäst. Er blühte im Mai wie rosiger Schnee über dem Balkon unseres Turmes. Wir planten – der Alfred Baumann und ich –, plötzlich flog eine Kohlmeise an uns vorbei, entdeckte die willkommene Speise; schon saß sie auf dem entblätterten Ast oben in der verblühten Krone, blähte sich, lachte rund ihr gefiedertes Bäuchlein auf und speiste uns die Kirsche vor der Nase weg.

LOUISE ASTIN

# Die wilde Rose

Da droben auf einsamer Höhe
Die wilde Rose blüht,
Und wer sie von Ferne gesehen,
In heißer Sehnsucht erglüht.

Zu ihr über Felsen und Klüfte
Ein kühner Jäger klimmt.
Schon ist er in nächster Nähe –
Das Auge in Thränen ihm schwimmt.

Er will sie erfassen und pflücken,
Da strauchelt jäh sein Fuß;
Des Abgrunds finstere Tiefe
Empfängt ihn mit kaltem Kuß.

Da droben auf einsamer Höhe
Die wilde Rose blüht,
Und wer sie von Ferne gesehen,
In heißer Sehnsucht erglüht.

LUISE HENSEL

# Spät-Rosen-knösplein

Was willst du noch, du zartes Kind, hienieden?
Der Lenz ist schon zu schön'rer Flur entrückt.
Dann sind die bunten Schwestern auch geschieden,
Ein früher Herbst hat sie im Keim geknickt.

Ich stand so einsam an der kalten Mauer,
Von allen Freuden war ich fern gebannt,
Und um mich her war Schatten nur und Trauer;
Denn Dornen viel und Steine trägt das Land.

Da wußt' ich nicht in meinem öden Thale,
Daß auf der Flur die Maiensonne lacht,
Bis mir in *einem* süßen, sel'gen Strahle
Ein Rosenleben in der Brust erwacht.

Nun *mußt'* ich mich in frommer Lust entfalten,
Es brach so morgenrot aus lichtem Grün;
Ich konnte nicht die Blättlein länger halten,
Sie wollten all' dem Licht entgegen blühn.

Nun wollt' ich recht in meiner Fülle prangen
Und sah umher, und suchte nun mein Licht;
Da war die milde Sonne weggegangen –
Ein rauher Wind fuhr um mein Angesicht.

Da hab' ich fest mich wieder eingeschlossen
Und habe still im Herzen fortgeblüht
Und um mich her ist linder Tau geflossen,
Sonst wär' ich wohl erstorben und verglüht.

Nun will ich mich noch einmal hold erschließen,
Der milden Abendsonne noch mich freu'n,
Will einmal noch den süßen Schimmer grüßen,
Dann still die welken Blättlein nieder streu'n.

Ade! du mußt noch andern Fluren scheinen;
Mich hat ein früher Nord schon abgeknickt.
Ade! ein Frühling wird uns einst vereinen,
Ein Morgen, der uns ewiglich beglückt.

ANNA LOISA KARSCH

# Als sie eine Rose zeigte, an welcher eine Rosenknospe saß

Die Rosenschwester ist noch klein,
Wenn sie ist aufgeblüht, wird diese nicht mehr seyn.

LOUISE OTTO

# Moosrose

Die rote, blätterreiche Rose,
Voll Duft und tiefverborgner Glut,
Die ohne Dorn im weichen Moose,
Auf zartem Stengel träumend ruht':
Die Rose gab ich Dir zu eigen –
O wie verstandest Du mich wohl!
Du weihtest sie zum Bundeszeichen
Zu unsrer Seligkeit Symbol!

Du willst sie unverwelklich wahren
In Deiner Hand, an Deiner Brust,
Ein Talisman, der in Gefahren
Zu schützen mich und Dich gewußt;
Ein Unterpfand von künft'ger Wonne,
Wenn hinter uns die finstre Nacht,
Wenn eine freie, stolze Sonne
Zugleich auf uns herniederlacht.

Viel Dornen sind auf unsern Wegen,
Doch *diese* Ros' ist dornenlos,
Du zogst mit warmen Herzensschlägen
Die stille Knospe voll und groß.
Das ist ein Sprossen, ist ein Drängen –
Ein ganzer Hain von Rosen blüht,
Und zu begeisterten Gesängen
Ein jeder Kelch sich öffnend glüht.

So laß uns selig träumend wallen
Im Rosenhain der Poesie,

Und Lied um Lied soll preisend schallen
In süßer Liebes-Melodie.
So laß uns Gott im Himmel loben
Der solche Rosen blühen hieß
Und uns, trotz wilder Wetter Toben,
Die schönste dennoch finden ließ.

So laß uns diesen Gott vertrauen,
Der an den Blumen Wunder tut,
Nicht nur im Blitz ist er zu schauen,
Er redet auch aus Rosenglut.
Wie uns des Wetters Nacht umdunkelt,
Wie Angst und Weh' das Los der Zeit:
Ein heil'ger Strahl im Kelche funkelt –
Die Rose blüht in Ewigkeit!

ELISE SOMMER

# An eine verwelkte Rose; ein aufgegebenes Impromtü

Arme Rose! blühtest gestern
Reizender, als deine Schwestern,
Trugst dein Haupt so stolz empor!
Jetzo senkst du es zur Erde,
Zeigst, entblättert, daß ich werde
Was du, Rose, Morgen bist.

SOPHIE MEREAU

# Das Kind

Duftende Blüten aus freundlicher Höh'
Säuseln hernieder wie glänzender Schnee;
Sieh, wie die Schwalbe mit silberner Brust
Fliegt an dem Teiche voll spielender Lust!
Schon sind am Wege die Büsche belaubt,
Vögelchen singen, es summt mir ums Haupt
Freundlich der Käfer, und dort durch das Grün
Rauschte die bunte Libelle dahin.
Welche Gerüche! woher? O, gewiss
Find' ich Violen; sie duften so süß!
Sieh, wie sie blühen! Geschwind, o! geschwind
Kränze, bekränze das fröhliche Kind!

BETTINA VON ARNIM

# Auf diesem Hügel überseh ich meine Welt!

*(In Goethes Garten am Stern)*

Auf diesem Hügel überseh ich meine Welt!
Hinab ins Tal, mit Rasen sanft begleitet,
Vom Weg durchzogen, der hinüber leitet,
Das weiße Haus inmitten aufgestellt,
Was ist's, worin sich hier der Sinn gefällt?

Auf diesem Hügel überseh ich meine Welt!
Erstieg ich auch der Länder steilste Höhen,
Von wo ich könnt die Schiffe fahren sehen
Und Städte fern und nah von Bergen stolz umstellt,
Nichts ist's, was mir den Blick gefesselt hält.

Auf diesem Hügel überseh ich meine Welt!
Und könnt ich Paradiese überschauen,
Ich sehnte mich zurück nach jenen Auen,
Wo Deines Daches Zinne meinem Blick sich stellt,
Denn der allein umgrenzet meine Welt.

CLARA MÜLLER

# Herbstwind

Durch fahlbelaubte Bäume
Mit müdem Ton der Herbstwind singt;
Die sehnsuchtsbange Weise klingt
Des Nachts in meine Träume.
Ach, alle Blumendüfte,
Das Farbenspiel der Rosenzeit,
Die ganze Sonnenseligkeit
Zerstoben in die Lüfte!
Verstummt ist Scherz und Kosen.
Die mir geblüht in tiefster Brust,
Das alte Leid, die alte Lust
Sie starben mit den Rosen!
Nun will kein Stern mehr scheinen.
Der Himmel trüb und wolkenschwer,
Das Haupt so müd' das Auge leer …
Ich hab verlernt das Weinen!
Und wenn die Sehnsuchtslieder
Der Nachtwind auf den Fluren singt,
In meinem Herzen hallt und klingt
Sein traumhaft Rauschen wider.

## KAROLINE RUDOLPHI

# Der verdorrte Baum — eine Fabel

Ein Gärtner, der mit strenger Hand
An seinen Bäumen schnitt und band,
Und wenn er wilde Zweige fand,
Sogleich von innerm Zorn entbrannt,
Den Bäumchen drohete,
den Übermuth zu zwingen,
In eine Hecke sie zu bringen.

Der Gärtner, als er putzt und hieb,
Fand auch ein Bäumchen schlank und zart,
Von schönem Wuchs, und seltner Art,
Das aller Kenner Urteil nach,
Ihm Frucht und Schatten früh versprach,
Das aber ihm zu hitzig trieb.

Da holt' er Binsen sich, und bald
Band er mit grausamer Gewalt
Den wilden Zögling fest an eine Stange.
Das arme Bäumchen, ach! es stand
Betrübt, und schmachtete so lange,
Bis es verdorrt an seiner Stange
Der weise Gärtner fand.

BETTINA VON ARNIM

# Der Garten am Haus

*Aus: Goethes Briefwechsel mit einem Kinde*

Wir hatten einen schönen Garten am Haus, Ebenmaß und Reinlichkeit war seine Hauptzierde, an beiden Seiten liefen Spaliere hin mit ausländischen Fruchtbäumen, im mitten Gang standen diese Bäume so edel, so hoch, so frei von jedem Fehl, sie hingen ihre schlanken Äste schwertragend im Herbst an den Boden, es war so still in diesem Garten wie in einem Tempel, im Eingang waren auf beiden Seiten zwei gleichmäßige Teiche, in deren Mitte Blumeninseln waren, hohe Pappeln begrenzten ihn und vermittelten die Nachbarschaft zu den Bäumen in den angrenzenden Gärten. Denke doch, wie es mir da erging, wie da alles so einfach war und wie ich Deiner bewußt ward.

Warum wühlt's mir im Herzen, wenn ich mich dran erinnere, daß die Blütenkätzchen von den Pappeln und diese braunen klebrigen Schalen von den Knospen mich beregneten, wie ich da so still in der Mittagsstunde saß und dem Streben der jungen Weinranken nachspürte, wie die Sonnenstrahlen mich umwebten, die Bienen mich umsummten, die Käfer hin und her schwirrten, die Spinne ihr Netz ins Gitter der Laube hing? – In solcher Stunde bin ich Deiner zum erstenmal innegeworden. –

LUISE HENSEL

# An Karoline H.

Ich hab ein Sträußlein funden,
Du liebe Gärtnerin,
Das hast du frisch gebunden
Mit zartem Blumen-Sinn.

Die Blümlein lieblich prangen
Im hellen Tränentau,
Und blicken mit Verlangen
Hinauf zum Himmelsblau.

Es haben milde Lüfte
Von deinem Blumenbeet
Die wundersüßen Düfte
Zu mir herabgeweht.

In deinem Garten glühen
Die Rosen hell im Schein;
Auf meinen Fluren blühen
Nur kleine Blümelein.

Auch meine Blümlein stehen
Im hellen Tränentau
Und öffnen sich und sehen
Hinauf zum Himmelblau.

Wollst deine Anemonen,
Der Rosen holden Schein,
Violen, Kaiserkronen
Zum vollen Kranze reih'n.

Und auch von meinen Blüten
Ein zartes Denkemein
Der trauten Schwester bieten
In deines Kranzes Reih'n.

GERTRUDE JEKYLL

# Der Weg zum Mauer-Blumengarten

Hin zum Mauer-Blumengarten hätte ich gerne einen Weg zwischen eng stehenden Begrenzungen aus Stein oder Trockenmauern. Sie sollten bepflanzt sein mit Blaukissen – Varietäten von *Aubretia græca* – von vollem und hellem Lila und einer großen Menge der grauen Blätter und zarten weißen Blüten von *Cerastium tomentosum*, das so oft in Gärten vorkommt, doch so selten richtig eingesetzt wird. Ich würde auch – allerdings sparsamer – die alles durchdringende *Arabis albida* einsetzen. Diese Pflanzen gehören mit Ausnahme der Kuckucksblume zu den am häufigsten in Gärten zu findenden Blumen, doch nur selten werden sie mit Bedacht oder intelligent eingesetzt oder zumindest so, dass sie den malerischen Effekt erzeugen, zu dem sie sich voller Bereitschaft hergeben. Diese Pflanzung mit weißen und lila Farben würde ich vor einen Hintergrund aus Pflanzen oder Büschen mit dunklem Laub stellen, und der Pfad sollte so in den Mauer-Blumengarten führen, dass man um eine Biegung oder durch einen Eibenbogen oder andere düstere Gewächse gehen muss, so dass man den einen Bereich vom anderen aus nicht sehen kann, aber so dass das Auge – eingestellt auf die kalten, frischen Weiß- und Lilatöne – im genau richtigen Zustand ist, um die üppige Pracht des nächsten Bereichs zu erfahren und genießen.

Ich bin nicht sicher, ob der Rückweg nicht sogar das eindrucks-
vollere Bild von beiden bietet, denn ich habe oft festgestellt, dass
das Auge beim Übergang von warmen zu kühlen Farben eine Art
erquicklichen Schock erfährt, überrascht, dass Farbe so kräftig,
rein und vollständig befriedigend sein kann. Auf diese Weise
erfährt man, wie Farbe eingesetzt werden kann, um den besten
Effekt im Garten zu erzielen. Es ist eine Art optische Gastronomie:
diese Vorbereitung und Präsentation eines Augenschmauses in
Arrangements, die bekömmlich und angenehm sind und in denen
jeder Gang so gestaltet ist, dass er den nächsten auf bestmögliche
Weise vorbereitet.

MAGDALENE PHILIPPINE ENGELHARD

# Im Garten

Ey ey, wo find ich Veilchen!
Kaum eins, das einsam steht.
War doch vor einem Weilchen
Hier alles blau besä't.

Gern las ich auf den Knien
Aus Gras und Moos sie aus,
Bald lohnte mein Bemühen
Ein frischer Veilchenstrauß.

Es hoben ihre Farben
Des Busens Seidenflor
So schön – und, bis sie starben,
Stieg sanfter Duft empor. –

Bald kommen Nachtviolen,
Aurikeln und Jasmin.
Auch die will ich mir holen;
Geschwind, eh sie verblühn.

Will pflücken Ros' und Nelken,
Zum Schmuck für Haar und Brust;
Denn allzubald verwelken
Die Blumen, meine Lust! –

Ach alle Erdenfreuden
Sind Blumenglanz und Duft.
Sie müssen von uns scheiden,
Und uns bedroht die Gruft!

O jede Lust genossen,
Die Tugend nicht verbeut!
Denn, ungenützt verflossen,
Wird sie umsonst bereu't.

## ANNA LOUISA KARSCH

# Lob der schwarzen Kirschen

Des Weinstocks Saftgewächse ward
Von tausend Dichtern laut erhoben;
Warum will denn nach Sängerart
Kein Mensch die Kirsche loben?

O die karfunkelfarbne Frucht
In reifer Schönheit ward vor diesen
Unfehlbar von der Frau versucht,
Die Milton hat gepriesen.

Kein Apfel reizet so den Gaum
Und löschet so des Durstes Flammen;
Er mag gleich vom Chineser-Baum
In ächter Abkunft stammen.

Der ausgekochte Kirschensaft
Giebt aller Sommersuppen beste,
Verleiht der Leber neue Kraft
Und kühlt der Adern Äste;

Und wem das schreckliche Verbot
Des Arztes jeden Wein geraubet,
Der misch ihn mit der Kirsche rot
Dann ist er ihm erlaubet;

Und wäre seine Lunge wund,
Und seine ganze Brust durchgraben:
So darf sich doch sein matter Mund
Mit diesem Tranke laben.

Wenn ich den goldenen Rheinstrandwein
Und silbernen Champagner meide,
Dann Freunde mischt mir Kirschblut drein
Zur Aug- und Zungenweide:

Dann werd' ich eben so verführt,
Als Eva, die den Baum betrachtet,
So schön gewachsen und geziert,
Und nach der Frucht geschmachtet.

Ich trink und rufe dreymal hoch!
Ihr Dichter singt im Ernst und Scherze
Zu oft die Rose, singet doch
Einmal der Kirschen Schwärze!

MATHILDE WESENDONCK

# Im Treibhaus

Hochgewölbte Blätterkronen,
Baldachine von Smaragd,
Kinder ihr aus fernen Zonen,
Saget mir, warum ihr klagt?

Schweigend neiget ihr die Zweige,
Malet Zeichen in die Luft,
Und der Leiden stummer Zeuge,
Steiget aufwärts süßer Duft.

Weit in sehnendem Verlangen
Breitet ihr die Arme aus,
Und umschlinget wahnbefangen
Öder Leere nicht'gen Graus.

Wohl, ich weiß es, arme Pflanze:
Ein Geschicke teilen wir,
Ob umstrahlt von Licht und Glanze,
Unsre Heimat ist nicht hier!

Und wie froh die Sonne scheidet
Von des Tages leerem Schein,
Hüllet der, der wahrhaft leidet,
Sich in Schweigens Dunkel ein.

Stille wird's, ein säuselnd Weben
Füllet bang den dunkeln Raum:
Schwere Tropfen seh' ich schweben
An der Blätter grünem Saum.

KAROLINE RUDOLPHI

# In der Rosenzeit

Ein Röschen, tief im Moos versteckt,
Von keinem Lauscher noch entdeckt,
Blüht' an dem Bächlein ungesehn:
Es blüht', es blühte wunderschön!

Was würzt denn für ein süßer Duft
Die frische frühe Morgenluft,
Als haucht' ein Himmlischer sie an?
Das kleine Röschen hat's getan.

Das Röschen tat's, und wußt' es nicht,
Und barg im Moos sein hold Gesicht,
Und alle Blümlein sahn mit Neid
Aufs Röschen, das so süß erfreut.

Was schaut, ihr Blümlein, so mich an?
Was hab ich, Röschen, denn getan?
Ich armes Röschen, wüßt' ich nur,
Was ich beginn' auf dieser Flur!

Bald schwebt' ein Zephyr leicht heran,
Und wehte Röschen kosend an,
Und streichelt' süß ihr frisch Gesicht.
O Röschen! Röschen! trau ihm nicht!

Verschließ, verschließ den zarten Reitz,
Dir Röschen ziemt ein feiner Geitz,
O trau dem glatten Schmeichler nie;
Er haucht dir Tod spät oder früh.

Er kost, er weht, bald lau, bald heiß;
Und Röschen – ach! des Gartens Preis,
Beut ihm den Kelch voll Süßigkeit,
Des Freudegebens hoch erfreut.

Er trinkt, entfaltet, und zerstreut –
Und Röschen, sonst der Blümlein Neid,
Sieht ihre Reitze bald verweht,
Und von dem Schmeichler sich verschmäht –

Bald flattert er mit Zephyrsinn
Zu andern Nachbarblümlein hin;
Und Röschen duldet still und schweigt
Und hängt ihr Köpfchen, und – erbleicht.

Die Jungfrau'n sahn's beym Mondenlicht.
Und pflanzten schön Vergißmeinnicht
An Röschens allzu frühem Grab,
Und wischten sich ein Tränchen ab.

SIDONIE GRÜNWALD-ZERKOWITZ

# Send' mir Rosen

Send' mir Rosen, send' mir Grüße!
Frische Rosen, Worte süße,

Daß ich an den Mund sie drücke
Und mein Krankenlager schmücke!

Daß mich in der holden Gabe
Deines Herzens Grüßen labe!

Laß mich glauben: in den Rosen
Deine Lippen mit mir kosen!

Wenn ich bald die Stengel fasse,
Bald den Händen sie entlasse,

Laß mich glauben, daß ich Deine
Hand fühl' drücken heiß die meine!

Wenn ich mich am Dorne ritze,
Meinen, 's war an deinem Witze!

Send' mir Rosen, send' mir Grüße,
Daß ins Herz mir Balsam fließe!

Laß im Gruß mich Liebe lesen
Und ich werde schnell genesen

## ELISABETH VON ÖSTERREICH

# Titania

Tief ermüdet geht Titania in dem Garten auf und nieder,
Löst sich sinnend ihre Flechten, dichtet wandelnd neue Lieder,
Und sie denkt der längstvergangnen Zeiten, wo sie hier geweilet;
Sieht noch, wie im Mondenscheine dem Geliebten zu sie eilet –
„Hier auf dieser Bank, da saßen Arm in Arm wir lang verschlungen,
Während draußen am Parterre musiziert wird und gesungen;
Dorten steigen auf Raketen, glühen Feuer aus Bengalien,
Hier dringt kaum des Vollmonds Silber durch das Laubdach der Kastanien.
Und wir tauschten heiße Küsse, wie die Vollmondnacht, noch schwüler,
Dachten nicht des nahen Morgens, wo es grau wird, ach! und kühler!"
So Titanias schwermutsvolle Abendgangerinnerungen.
Weh'! Es bleibt die graue Farbe, wenn das Lied auch längst verklungen!

ADELE SCHOPENHAUER

# Lied

O nur kein Wort, kaum ein Gedanke!
Es spielt im Rosenkelch die Luft,
Es träumt der Schmetterling im Duft,
Der Abendhauch im matten Glanze;
Es winkt verschwiegen dir die Ranke,
Lockt in den Zauber dich hinein –
O nur kein Wort, kaum ein Gedanke!

Da bricht ein Strahl die Wunderstille!
Wie all-lebendig Wald und Welt!
Nun spricht dein Herz, nun ruft das Feld;
Es schwirrt und summt um jede Pflanze;
Der Glutmoment warf ab die Hülle,
Aufblitzt der grelle Sonnenschein!
Wo blieben Zauber, Traum und Stille?

JULIANE SCHUBERT

# Der Sommerabend

Licht ist's noch am Abend-Himmelsrande
Von der Sonne sanftem Scheideblick;
Und im holden, rosigen Gewande
Glänzt uns noch ihr letzter Strahl zurück.

O des schönsten Sommerabendskühle
Wandelt sanft durch Wiesen, Flur und Hain;
Und voll süßer, zärtlicher Gefühle
Denk' ich jetzt, du Vielgeliebte! dein.

Denke dein, hier, wo im Abendhauche
Sich das Herz zu reiner Lust erhebt,
Süßer Duft vom Sommerblumenstrauche
Um des Nachtwind sanftem Flügel schwebt.

O vielleicht, von Hochgefühl durchdrungen,
Trinkst auch du jetzt Wonne der Natur;
Und, umhüllt mit Abenddämmerungen
Blumenduft auf einer stillen Flur.

Siehst einmal, entflohn dem Stadtgetümmel,
Wo so oft die stillern Freuden fliehn,
Schöner unter Gottes freiem Himmel
Um dich her des Lebens Anmut blühn.

Oft schon folgt' im Geist ich dir zur Quelle,
Die dort warm und segenbringend fließt,
Wo Gesundheit sich mit jeder Welle
Stärkend in die kranken Nerven gießt.

O genieße, Freundin! ganz das Glücke,
Welches dir der warme Quell verspricht;
Komm gesund zu deiner Stadt zurücke;
Lebe glücklich, und – Vergiß mein nicht!

O des schönsten Sommerabendskühle
Wandelt sanft durch Wiesen, Flur und Hain;
Und voll süßer, zärtlicher Gefühle
Denk' ich jetzt, du Vielgeliebte! dein

Denke dein, hier, wo im Abendhauche
Sich das Herz zu reiner Lust erhebt,
Süßer Duft vom Sommerblumenstrauche
Um des Nachtwind sanftem Flügel schwebt.

O vielleicht, von Hochgefühl durchdrungen,
Trinkst auch du jetzt Wonne der Natur;
Und, umhüllt mit Abenddämmerungen
Blumenduft auf einer stillen Flur.

Siehst einmal, entflohn dem Stadtgetümmel,
Wo so oft die stillern Freuden fliehn,
Schöner unter Gottes freiem Himmel
Um dich her des Lebens Anmut blühn.

Oft schon folgt' im Geist ich dir zur Quelle,
Die dort warm und segenbringend fließt,
Wo Gesundheit sich mit jeder Welle
Stärkend in die kranken Nerven gießt.

O genieße, Freundin! ganz das Glücke,
Welches dir der warme Quell verspricht;
Komm gesund zu deiner Stadt zurücke;
Lebe glücklich, und – Vergiß mein nicht!

FRANCESCA STOECKLIN

# Südlicher Frühling

Zu rasch und farbensatt kommt er,
Als daß wir seine Luft
Mit zitterndem Verliebtsein spürten.
Wenn nicht die Mandelbäumchen
Rosige Zartheit
Wie kindliche Küsse
In den blauen Himmel hauchten,
Wir würden alles schwer
Wie Sommer fühlen.
Kamelien leuchten tödlich rot
Aus düster glänzendem Laub,
Und in Gewinden feiern
Rosen und Glycinientrauben
Tausendfache Feste.
An weißer Mauer baden sich
Die grünen Eidechsen
In gleißenden Strahlen.
Sie sind der Sonne zierlichste Getreue.
Und wo du gehst,
Raschelt es von Getier.
Dann in des Haines Schatten ruhend
Schließen sich die sonnenmüden Lider.
Und um dich wogt
Ein ewig wiederkehrendes Tönen,
Von Mückensang und Blumenatmen.
Das hüllt dich ein
Und trägt dich fort
Auf seidigen Schwingen
In das Reich der wandellosen Schönheit.

BETTINA VON ARNIM

# Die hängenden Gärten meiner Kindheit

*Aus: Goethes Briefwechsel mit einem Kinde*

Komm! Laß uns noch einmal die hängenden Gärten, in denen meine Kindheit einheimisch war, durchlaufen; laß Dich durch die langen Laubgänge geleiten zu dem Glockenturm, wo ich mit leichter Mühe das Seil in Schwung brachte, um zu Tisch oder zum Gebet zu rufen; und abends um sieben Uhr läutete ich dreimal das *Angelus,* um die Schutzengel zur Nachtwache bei den Schlafenden zu rufen. O damals schnitt mir das Abendrot ins Herz, und das schweifende Gold, in das sich die Wolken senkten; o ich weiß es noch wie heute, daß es mir weh tat, wenn ich so einsam durch das schlafende Blumenfeld ging, und weiter, weiter Himmel um mich, der in beschwingter Eile seine Wolken zusammentrieb, wie eine Herde, die er weiterführen wollte, der rotes, blaues und gelbes Gewand entfaltete, und dann wieder andre Farben, bis die Schatten ihn übermannten. Da stand ich und sah die verspäteten Vögel mit rascher Eile nach ihrem Nest fliegen; und dachte, wenn doch einer in meine Hand flög, und ich fühlte sein klein Herzchen pochen, ich wollte zufrieden sein; ja, ich glaubte, ein Vögelchen nur, das mir zahm war, könne mich glücklich machen. Aber es flog kein Vogel in meine Hand, ein jeder hatte schon anders gewählt, und ich war nicht verstanden mit meiner Sehnsucht. Ich glaubte doch damals, die ganze Natur bestehe bloß aus dem Begriff aufgeregter Gefühle, *davon* komme das Blühen aller Blumen, und *dadurch* schmelze sich das Licht in alle Farben, und *darum* hauche der Abendwind so leise Schauer übers Herz, und *deswegen* spiegle sich der Himmel, umgrenzt vom Ufer, in den Wellen. Ich sah das Leben der Natur und glaubte, ein Geist, der der Wehmut, die meine Brust erfüllte, entsprach, sei dies Leben selbst; es seien *seine* Regungen, *seine* Gedanken, die dies Tag- und Nachtwandeln der Natur bilde; ja und ich junges Kind fühlte, daß ich einschmelzen müsse in diesen Geist, und daß es allein Seligkeit sei, in ihm aufzugehen; ich rang, ohne zu wissen, was Tod sei, *dahin,* aufgelöst zu sein; ich war unersättlich, die Nachtluft mit vollen Zügen einzuatmen, ich streckte die Hände in die Luft, und das flatternde Gewand, die fliegenden Haare bewiesen mir die Gegenwart des liebenden Naturgeistes; – ich ließ mich küssen von der Sonne mit verschlossenen Augen, und dann öffnete ich sie, und mein Blick hielt es aus; ich dachte: läßt du dich küssen von ihr, und solltest nicht vertragen können, sie anzusehen?

Von dem Kirchgarten führte eine hohe Treppe, über die das Wasser schäumend hinabstürzte, zum zweiten Garten, der rund war, mit regelmäßigen Blumenstücken ein großes Bassin umgab, in dem das Wasser sprang; hohe Pyramiden von Taxus umgaben das Bassin, sie waren mit purpurroten Beeren übersäet, deren jede ein kristallhelles Harztröpfchen ausschwitzte; ich weiß noch alles, und dies besonders war meine Lieblingsfreude, die ersten Strahlen der Morgensonne in diesen Harzdiamanten sich spiegeln zu sehen.

Das Wasser lief aus dem Bassin unter der Erde bis zum Ende des runden Gartens und stürzte von da wieder eine hohe Treppe hinab in den dritten Garten, der den runden Garten ganz umzog und gerade so tief lag, daß die Wipfel seiner Bäume wie ein Meer den runden Garten umwogten. Es war so schön, wenn sie blühten, oder auch wenn die Äpfel und die Kirschen reiften und die vollen Äste herüberstreckten. Oft lag ich unter den Bäumen in der heißen Mittagssonne, und in der lautlosen Natur, wo sich kein Hälmchen regte, fiel die reife Frucht neben mir nieder ins hohe Gras; ich dachte: „Dich wird auch keiner finden!" Da streckte ich die Hand aus nach dem goldnen Apfel und berührte ihn mit meinen Lippen, damit er doch nicht gar umsonst gewesen sein solle.

CHRISTIANA MARIANA VON ZIEGLER

# Cantata

*Aria.*
Mein Engel, eile doch zum küssen,
Laß uns der süßen Lust genießen,
Worzu sich Amor jetzt erbeut;
Schau wie die Schar der Amouretten
Uns beyderseits auf Blumen betten,
Und wie die Flora Rosen streut.

So hieß die Sehnsucht und Verlangen,
Den höchst-verliebten Phidias,
Der wartend schon im Garten saß,
Die Schöne zum voraus umfangen;
Ein jedes rauschend Blatt,
Stahl ihm gleich das Gehör,
Er dachte, daß es schon Alcestis wär,
Drum warff er gleich die Sehnsuchts-vollen Glieder,
Auf Blum und Kräuter nieder,
Und sang aus heißer Liebe dies,
Mich dünckt es hieß:

*Aria.*
Grüne Wiesen, kühlen Winde /
Machet daß ich balde finde,
Alcestis! dich mein andres Ich,
Ihr Blumen steht in eurer Blüte,
Doch mein unruhiges Gemüte
Labt noch an keiner Knospe sich.

INA SEIDEL

# Kindheitsgarten

Als ich dein war,
Weißt du es noch?
Als mir das Haar
Nach deinem Odem roch,
Tauig und naß
Voll deiner Tränen hing,
Als mir dein Gras
Noch bis zur Schulter ging.
Als meine Hand,
Braun und klein wie ein Tier,
Aufwarf den Sand,
Wühlte zum Herzen dir –
Weißt du es noch? –
Rund war mein Knie,
Von deinen Rinden zerrissen ...
Ach, du – *ich* weiß – aber wie
Solltest du wissen –

JOHANNA SCHOPENHAUER

# Der englische Park

*Aus: Reise durch England und Schottland*

Es ist eigentlich recht erfreulich, in diesem Lande zu reisen. Die schönsten Landschaftsgemälden ähnlichen Parks, die Gärten, die zweckmäßige Einrichtung der Häuser, der raffinierte Luxus, die Nettigkeit der Ordnung überall, die selbst in dem unbedeutendsten Hausgeräte sich zeigende Eleganz und Bequemlichkeit, machen einen frohen Eindruck auf den Besuchenden. Man wünscht sich alle diese Dinge nicht, weil man ihrer nicht gewohnt ist, oft nicht einmal ihren Gebrauch kennt; aber man bekommt ein Gefühl von heiterem Lebensgenusse. Nur den Wunsch, sich der Kunstwerke recht zu erfreuen, sie zu studieren, vielleicht etwas zu kopieren, muß man nicht aufkommen lassen; denn seine Erfüllung ist in diesem Lande mit so vielen Schwierigkeiten umgeben, dass sie fast undenkbar wird.
Von den Schönheiten des Landes und der Wege, von den bequemen Gasthöfen, die man auch in den abgelegensten Gegenden findet und in welchen man nur einen wohlgefüllten Beutel braucht, um gleich so gut und vielleicht besser als zu Hause zu sein, von der trefflichen Einrichtung des Postwesens ist überall viel gesagt und geschrieben, und dennoch nicht zu viel, um dieses in seiner Art vollkommenste Ganze gehörig zu loben.
Für jetzt wollen wir uns aber darauf beschränken, eine allgemeine Idee eines englischen großen Landhauses mit seinen Umgebungen aufzustellen und alsdann versuchen zu beschreiben, was wir auf einer Reise von London durch das nördliche England nach Schottland zu sehen Gelegenheit hatten.
Ein englischer Park ist von dem, was man sich in Deutschland unter diesem Namen denkt, merklich verschieden. Er umfaßt die

das Wohnhaus oder Schloß zunächst umgebenden, eigentlich zu demselben gehörigen Ländereien und ist gewöhnlich von ziemlichen Umfange. Äcker und Wiesen, mit lebendigen Hecken zierlich eingefasst, durchschnitten von wohlgehaltenen Kieswegen zum Gehen und Fahren, liegen in seinem Bezirk, sowie auch einzelne Wirtschaftsgebäude von gefälliger, aber doch ihre Bestimmung andeutender Form. Überall hat man nach malerischen Effekten gestrebt, und die sanften Anhöhen und Vertiefungen dieses Landes erleichtern dieses Streben; aber immer ist das Nützliche mit dem Schönen vereint.

Der höchste Schmuck dieses Parks sind die üppige Vegetation der wohlbestellten Äcker, die unvergleichlich schönen grünen Wiesen und die prächtigen Bäume, größtenteils Eichen und Buchen, welche überall in Gruppen verteilt stehen. In England haben die Bäume das Eigne, daß sie mehr als in anderen Ländern gleich von der Wurzel an ausschlagen und kleinere Zweige treiben. Enge, durch dichte Schatten und Gebüsche sich hinschlängelnde Gänge findet man in keinem Parke; auch Gehölze sind, wie überall in England, selten. Man könnte sagen, es fehle Schatten, wenn nicht gerade in diesem Lande, wo bei sehr milder Luft dennoch die Sonne selten recht heiß und hell scheint, der Schatten entbehrlicher wäre als anderswo. Die Kioske, Tempel, Einsiedeleien unserer Parks fehlen dort ebenfalls; alle diese zur Zierde dienenden Gebäude sind in die vom Park ganz verschiedenen, das Haus näher umgebenden Anlagen, in die sogenannten *Pleasure-Grounds* verwiesen. Nur in sehr großen Parks, wie die von Blenheim oder Stowe, steht hier und da ein Obelisk, eine Pyramide oder ein Turm, um vom Schloß aus eine Ansicht zu gewähren.

An Wasser darf es nie fehlen. Künstliche Wasserfälle kennt man nicht und noch weniger Springbrunnen. Fließt aber ein kleiner Fluß oder nur ein beträchtlicher Bach in der Nähe einer solchen Besitzung, so muß er, wenn auch mit großen Kosten herbeigeführt, sich in mannigfaltigen Krümmungen hindurchschlängeln. Fehlt es an lebendigem Wasser, so sucht man wenigstens einem stehenden Kanale den Schein davon zu leihen. Man gibt ihm eine leichte, natürliche Krümmung, verdeckt Anfang und Ende mit überhängendem Gebüsche, wirft schöne Brücken darüber und täuscht so das Auge, oder man verwandelt die Ufer eines Teichs in die unregelmäßigen Umgebungen eines kleinen Sees. Überall strebt man nach dem Schönen und flieht das Gesuchte, Steife, Pretiöse.

Die Staffage vollendet diese lebendige Landschaft. Hunderte von halbzahmen Hirschen und Rehen weiden beinahe ganz furchtlos auf den grünsten Wiesen der Welt; mit ihnen die schönsten Pfer-

de, Kühe und Ziegen, besonders in der Nähe des Hauses, wo sich
die Wiesen rings umher wie ein Teppich auf das herrlichste aus-
breiten. Die schönen Gestalten dieser Tiere, ihre leichten freien
Bewegungen, ihr Wohlsein geben dem Ganzen einen unbeschreib-
lichen Reiz.

Immer liegt das Wohnhaus auf einer sanften Anhöhe, alle Bäume
sind aus seiner nächsten Nähe verbannt, damit Licht, Luft und
Sonne kein Hindernis finden. Dennoch ist es nicht heiß in den
Zimmern, teils weil es überhaupt in England nicht heiß ist, teils
wegen der wenigen Fenster, die aber so verständig angebracht
sind, daß jeder Teil des Gebäudes sein hinlängliches Licht hat.
Die äußere Ansicht der englischen Landhäuser ist aus unzähligen
Kupferstichen bekannt genug. Selten herrscht ein ganz reiner
Geschmack darin, oft sind sie mit Verzierungen überladen. Die
Hauptfassade ist gewöhnlich mit Säulen geziert. Sind gleich die
Verhältnisse derselben nicht immer die richtigsten, scheinen sie
oft müßig dazustehen, so gewähren sie doch immer ein ange-
nehmes, schattiges Plätzchen vor dem Hause, von welchem man
recht behaglich ins Freie über den grünen Wiesenplan hinaus-
sieht. Unter und vor diesen Säulen stehen unzählbare fremde
Gesträuche und Blumen in Vasen, teils auf schönen Gestellen
übereinander getürmt, teils auf den Stufen des Eingangs und
den Geländern zierlich geordnet. Der Luxus, den man mit diesen
Pflanzen treibt, ist unglaublich. Täglich müssen die verblühten
hinweggeschafft und andere an ihre Stelle gesetzt werden.
Höchst reizend ist der Anblick dieser *Shrubberies*. Florens Schätze
werden aus allen Ländern der Welt hierher gezaubert. Doch auch
über diese schönsten Kinder der Natur herrscht in England das
eiserne Zepter der Mode. In der Zeit, aus welcher diese Beschrei-
bung stammt, hatte sie gerade die Eriken oder Heidekräuter ihrer
besonderen Huld gewürdigt. Man gab wohl fünfzig und mehr
Guineen für so ein geruch-, oft farbenloses Kraut hin, wenn es nur
aus einem recht entfernten Winkel der Erde herstammte. Große
Orangerien sind in England, außer in den königlichen Gärten,
selten anzutreffen.

Die innere Einrichtung der Häuser richtet sich hier, wie überall,
nach dem Reichtum und Geschmacke des Erbauers, des Bewoh-
ners und des Zeitalters, in welchem sie entstand. Die meisten
haben große, vollkommen erleuchtete und hohe Souterrains, in
welchen sich die Küche, die Gewölbe zur Bewahrung der Vorräte
nebst den Bedientenzimmern befinden. Letztere sind durchaus
gut möbliert, ja die der Haushälterin und des Haushofmeisters (in
England *Butler* genannt) sogar elegant, hübsch tapeziert, mit Ma-

hagonimöbeln und guten Fußteppichen. Auch bei den Bedienten wird die englische Sitte beobachtet, daß sie außer ihren Schlafzimmern noch Wohnzimmer und Speisezimmer haben.

Aus dem Garten tritt man gewöhnlich zuerst in eine große, hohe, öfters von oben beleuchtete Halle, die mit Gemälden oder Statuen, Basreliefs oder Vasen geziert ist. Zu beiden Seiten liegen die verschiedenen Putz- und Wohnzimmer; ein langes Zimmer enthält die Bibliothek, deren schöne Schränke und zierliche Einbände sie zu einem der elegantesten Zimmer des Schlosses machen. In vielen Häusern ist es Sitte, daß die Familie sich zum Frühstück darin versammelt. Sonst gibt es noch Frühstückszimmer, Arbeitszimmer, Musikzimmer, Gesellschaftszimmer, (*Drawingrooms*), Wohnzimmer (*Parlours*), Speisezimmer, Spielzimmer in Menge, doch selten von ausgezeichneter Größe. Überall einfache Pracht, Fußböden, Treppen und Vorplätze mit schönen Teppichen belegt. In vielen Häusern wechselt man im Sommer die warmen Winterteppiche mit kühlen, von gemalter Wachsleinwand, welche von beträchtlicher Dicke eigens dazu fabriziert wird. Mahagoniholz sieht man meistens nur an Treppengeländern, großen Eßtischen, Bettstellen; die Möbel in den herrschaftlichen Zimmern sind von fremden köstlicheren oder kunstreich lackierten Hölzern.

Man findet es bürgerlich, unmodisch, lächerlich, die Möbel an den Wänden hinzustellen, wie es in Deutschland gebräuchlich ist; in den Wohn- und Gesellschaftszimmern stehen alle in einem großen Kreis umher, so daß noch ein beträchtlicher Raum zum Spazieren zwischen den Stühlen, Sofas, Tischen und den Wänden übrig bleibt. Die Schreibtische sowohl als die Pianofortes sind immer mitten im Zimmer, wo eben das Licht am günstigsten fällt und man nicht von der Hitze nahe am Kamin oder vom Zug nahe am Fenster leidet. Noch müssen wir der Kamine gedenken, die, künstlich in Marmor gearbeitet oder mit brillantiertem Stahl geschmückt, eine der größten Zierden der Zimmer ausmachen. Schöne Vasen und prächtige Kandelaber prangen auf ihren Gesimsen. Der zweite Stock enthält die Schlafzimmer, welche indessen den Fremden nur selten gezeigt werden. Diese, besonders die der Damen, sind ein Heiligtum, in welches kein sterbliches Auge dringen darf. Oft hörten wir Engländerinnen mit wahrem Grausen von der Sitte der Französinnen sprechen, welche gerade ihre Schlafzimmer zum Besuchszimmer vorzugsweise erwählen.

So viel von der inneren Einrichtung der englischen Villen im allgemeinen. Kehren wir jetzt zurück zu den nächsten äußeren Umgebungen derselben.

Die Obst- und Gemüsegärten, die Treibhäuser liegen mit allen zur inneren Ökonomie gehörigen Gebäuden ganz nahe am herrschaftlichen Hause, werden aber durch mancherlei Vorkehrungen dem Auge entzogen. Diese Bezirke sind es, was der Engländer eigentlich Gärten (*Gardens*) nennt. Der zur Fußpromenade bestimmte Teil der Besitzung heißt *Pleasure-Ground* und liegt ganz nahe am Hause. Hier trifft man Ähnlichkeit mit den deutschen Parks: Gänge, die sich bald durch dichte Schatten, bald mehr im Freien hinschlängeln, Tempel, Säulen, Denkmäler, Ruheplätze und den ganzen architektonischen Reichtum der neueren Gartenkunst. Alle Gebäude sind von Stein, alle Geländer und Türen von schönem eisernen Gitterwerk. Hier blühen und grünen die vielen einheimischen Gesträuche, Bäume und Blumen neben den aus fremden Ländern herübergebrachten, die stark genug sind, den Winter im Freien zu ertragen.

Viele Pflanzen, die wir in Deutschland sorgfältig vor der Kälte schützen müssen, halten den durch Seeluft gemilderten englischen Winter aus, zum Beispiel der *Laurus Tinus*, das Heliotropium und der Jasmin (*Jasminum officinale*). Die beiden letzteren haben wir oft in einer Höhe von sechs bis acht Fuß sich an den Mauern hinziehen sehen.

Obstbäume aller Art werden aus diesen Anlagen verbannt. Die verständige Weise, mit welcher alle Bäume mit Hinsicht auf Höhe, Wuchs und die dunklere oder hellere Farbe ihres Laubes geordnet sind, gibt dem Ganzen einen Zauber, den man fühlt, ohne sich ihn gleich erklären zu können. Alles ist zur schönsten befriedigenden Einheit gebracht. Das Auge wird sogar in Hinsicht der Entfernung eines Gegenstandes oft getäuscht. Die englischen Gärtner sind wahre Landschaftsmaler im Großen, ja wir möchten sie fast für die einzigen eigentlichen Künstler der Nation erklären. Jeden Vorteil, den Optik und die Regeln der Perspektive ihnen darbieten, wissen sie gar gut zu benutzen, ohne doch ins Kleinliche zu fallen. Mit den Nadelhölzern aller Art, den verschiedenen, uns zum Teil in Deutschland unbekannten, immergrünen Stauden und Sträuchern, deren einige sogar bisweilen im Dezember blühen, werden sehr schöne Effekte hervorgebracht. Gewöhnlich sieht man davon in der Nähe des Hauses eine Art Wintergarten an einem sonnigen Platz angelegt, in welchem man sich bei winterlichem Sonnenschein ergehen und, von allen Seiten durch das Grün getäuscht, in den Frühling hineinträumen kann. Solche Anstalten sind auf jener Insel notwendiger als bei uns: denn derselbe wunderliche Geist, der die Einwohner dieses Landes die Nacht zum Tage umzuschaffen bewog, verwirrte auch den Lauf der Jahreszeiten. Der

Winter herrscht in Hinsicht auf Kleidung und Vergnügen bis über die Mitte des Junius hinaus. Dann fängt der Frühling erst an, und so muß der Sommer und mit ihm der Aufenthalt auf dem Lande, welcher in der Regel erst im August und noch später beginnt, bis nach Weihnachten verlängert werden, damit jedem neben dem Unrecht auch sein Recht geschehe.

Der Haupteingang zum Park, ein oft sehr prächtiges Tor, hat zu beiden Seiten zwei kleine Gebäude, die Wohnung des Türhüters und seiner Familie, bei welchem sich jeder Einlaßbegehrende vermittelst einer Glocke meldet. Dieses Tor mit seinen Gebäuden, the Lodge genannt, ist eine Hauptzierde des Parks. Die beiden Pavillons sind bald im gotischen Geschmacke, bald im ägyptischen; sie stellen Türme, griechische Tempel oder auch nur artige, moderne Gartenhäuschen vor, je nachdem der Geschmack des Erbauers war. Immer hat der Türhüter eine freundliche, artige Wohnung darin, mit Küche und Keller und allem, wessen er bedarf, wohl versehen, und manche angesehene Familie in Deutschland würde zufrieden sein, einen solchen Sommeraufenthalt zu besitzen.

SOPHIE BERNHARDI-TIECK

# Blumen, ihr seid stille Zeichen

Blumen, ihr seid stille Zeichen,
Die aus grünem Boden sprießen,
Düfte in die Lüfte gießen,
So das Herz zur Lieb' erweichen.
Dennoch mögt ihr nicht erreichen
So das Herz, den Schmerz versöhnen,
Enden alles Leid und Stöhnen,
Daß ihr könntet als Gedanken
In den grünen Blättern schwanken:
Liebe denkt in süßen Tönen.

Wollt' ich meine Liebe sprechen,
Ach! als Botin meiner Klagen
Sollte meine Hand nicht wagen
Bunte Blumen abzubrechen.
Still laß' ich die Dornen stechen,
Wag' die süßen Schmerzen gern,
Denn mir scheint kein günst'ger Stern,
Drum will ich nicht Worte hauchen,
Mag auch nicht Gedanken brauchen,
Denn Gedanken stehn zu fern.

Blumen, Worte und Gedanken,
Manche Sehnsucht mögt ihr stillen,
Manchen holden Wunsch erfüllen,
Manches Herz mag wohl euch danken.

Träume, süß, wie mich umwanken,
Denen bleibt ihr ewig fern;
Sie regiert ein andrer Stern.
Selbst der Purpurglanz der Rosen
Ist zu matt der Liebe: kosen
Nur in Tönen mag sie gern.

Hätt' ich zarte Melodien,
Sie als Boten wegzusenden,
Würde bald mein Leid sich enden,
Und mir alle Freude blühn.
Holde Liebe zu mir ziehn
Würd' ich dann mit süßen Tönen,
Meinen Bund auf ewig krönen:
Denn mit himmlischen Gesängen
Kann Musik in goldnen Klängen
Alles, was sie will, verschönen.

ANNETTE VON DROSTE-HÜLSHOFF

# Meine Sträuße

So oft mir ward eine liebe Stund'
Unterm blauen Himmel im Freien,
Da habe ich, zu des Gedenkens Bund,
Mir Zeichen geflochten mit Treuen:
Einen schlichten Kranz, einen wilden Strauß,
Ließ drüber die Seele wallen;
Nun stehe ich einsam im stillen Haus
Und sehe die Blätter zerfallen.

Vergißmeinnicht mit dem Rosaband –
Das waren dämmrige Tage,
Als euch entwandte der Freundin Hand
Dem Weiher drüben am Hage;
Wir schwärmten in wirrer Gefühle Flut,
In sechzehnjährigen Schmerzen;
Nun schläft sie lange. – Sie war doch gut,
Ich liebte sie recht von Herzen!

Gar weite Wege hast du gemacht,
Kamelia, staubige Schöne,
In deinem Kelche die Flöte wacht,
Trompeten und Cymbelgetöne;
Wie zitterten durch das grüne Revier
Buntfarbige Lampen und Schleier!
Da brach der zierliche Gärtner mir
Den Strauß beim bengalischen Feuer.

Dies Alpenröschen nährte mit Schnee
Ein eisgrau starrender Riese;

Und diese Tange entfisch' ich der See
Aus Muschelgescherbe und Kiese;
Es war ein volles, gesegnetes Jahr,
Die Trauben hingen gleich Pfunden,
Als aus der Rebe flatterndem Haar
Ich diesen Kranz mir gewunden.

Und ihr, meine Sträuße von wildem Heid,
Mit lockerm Halme geschlungen,
O süße Sonne, o Einsamkeit,
Die uns redet mit heimischen Zungen!
Ich hab' sie gepflückt an Tagen so lind,
Wenn die goldenen Käferchen spielen,
Dann fühlte ich mich meines Landes Kind,
Und die fremden Schlacken zerfielen.

Und wenn ich grüble an meinem Teich,
Im duftigen Moose gestrecket,
Wenn aus dem Spiegel mein Antlitz bleich
Mit rieselndem Schauer mich necket,
Dann lang' ich sachte, sachte hinab
Und fische die träufelnden Schmehlen;
Dort hängen sie, drüben am Fensterstab,
Wie arme vertrocknete Seelen.

So mochte ich still und heimlich mir
Eine Zauberhalle bereiten,
Wenn es dämmert dort, und drüben, und hier
Von den Wänden seh' ich es gleiten;
Eine Fei entschleicht der Kamelia sich,
Liebesseufzer stöhnet die Rose,
Und wie Blutes Adern umschlingen mich
Meine Wasserfäden und Moose.

GERTRUD KOLMAR

# Die graue Nacht

Die graue Nacht ist mit silbernen Nadeln gerafft.
Kahler Stamm starrt hinan, riesiger Säulenschaft.

Der Kirschbäume Wipfel sind wie Schleier verweht,
Breit kauert der Kiefer buckliger Unhold am Beet.

Alles ist anders. Nirgends lugen mehr Häuser hervor,
Giebel stieren, steil, schwarz, Pyramiden, empor.

Im Finstern sind irgendwo kleine Vierecke hell –
Surrendes Grillenzirpen, reißendes Hundegebell.

Eine goldsprühende Otter zischt im Fernen der Zug.
Sacht auf Boden und Baum tröpfelt's aus bläulichem Krug.

Ich wandre im Garten, weiter und weiter, schon längst nicht mehr hier.
Und wenn es ganz dunkel geworden ist, bin ich bei dir.

SARAH KIRSCH

# Selektion

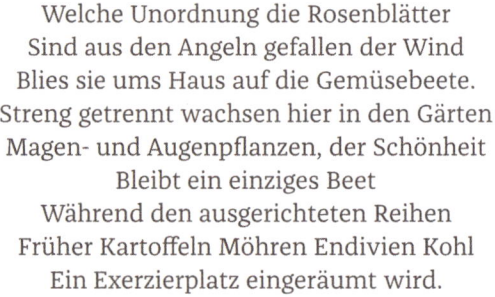

Welche Unordnung die Rosenblätter
Sind aus den Angeln gefallen der Wind
Blies sie ums Haus auf die Gemüsebeete.
Streng getrennt wachsen hier in den Gärten
Magen- und Augenpflanzen, der Schönheit
Bleibt ein einziges Beet
Während den ausgerichteten Reihen
Früher Kartoffeln Möhren Endivien Kohl
Ein Exerzierplatz eingeräumt wird.

Die Wirrnis des Gartens verwirrt
Auch den Gärtner, jetzt muß
Durchgegriffen werden angetreten Salat
Richtet euch Teltower Rüben Rapunzel
Auf den Abfallhaufen Franzosenkraut
Wucherblume falsche Kamille und Quecke
Es ist verboten die nackten Füße
Wieder ins Erdreich zu stecken.

CATHARINA REGINA VON GREIFFENBERG

# Auf die fruchtbringende Herbstzeit

Freuderfüller, Früchtebringer, vielbeglückter Jahreskoch,
Grünung-, Blüh- und Zeitungziel, werkbeseeltes Lustverlangen!
Lange Hoffnung ist in dir in die Taterweisung gangen.
Ohne dich wird nur beschauet, aber nichts genossen noch.
Du Vollkommenheit der Zeiten, mache bald vollkommen doch,
Was von Blüh- und Wachstumskraft halbes Leben schon empfangen!
Deine Wirkung kann allein mit der Werkvollziehung prangen.
Werter Zeitenschatz, ach bringe jenes Blühen auch so hoch,
Schütt aus deinem reichen Horn hochverhoffte Freudenfrüchte!
Lieblich süßer Mundergetzer, lab auch unsern Geist zugleich:
So erhebt mit jenen er deiner Früchte Ruhmgerüchte.
Zeitig' die verlangten Zeiten in dem Oberherrschungsreich!
Laß die Anlaßkerne schwarz, Schickungsäpfel saftig werden:
Daß man Gottes Gnadenfrücht froh genießt und ißt auf Erden.

INGEBORG BACHMANN

# Schatten Rosen Schatten

Unter einem fremden Himmel
Schatten Rosen
Schatten
Auf einer fremden Erde
Zwischen Rosen und Schatten
In einem fremden Wasser
Mein Schatten

MARIE LUISE KASCHNITZ

# Meine Jahreszeit

Aus: Tage, Tage, Jahre

Der Herbst war meine Jahreszeit von jeher, was als ungesund empfunden wurde, ein junger Mensch hat den Frühling zu lieben, den schüchternen Vorfrühling mit seinen Schneeglöckchen unter aalschwarzen Baumästen oder den alten Liebesmonat Mai, allenfalls noch den Rosensommer, welche Jahreszeiten mich ganz kalt ließen, ja mich, in ihrem Zuwachs an Helligkeit, geradezu störten. Vom 21. Juni, dem Tag der Sonnenwende an begann ich aufzuatmen, jetzt konnten die Tage nicht mehr länger werden, jetzt begann es sich, langsam, langsam wieder um mich zu schließen, das süße Netz der Dunkelheit, der Höhlentiefe, des Traums. Länder, in denen die Sonne einige Monate lang überhaupt nicht untergeht, nur am Rande des Horizontes dahinrollt, fand ich entsetzlich, gegen Mitternacht noch im Freien die Zeitung lesen, wer möchte das, ich möchte es nicht. Schon als ich ein Kind war, entzückte mich die besondere Buntheit des Herbstes, was die andern melancholisch machte, stimmte mich lustig, ich sah gut aus, ich wollte immer essen, meine Haare, meine Nägel wuchsen doppelt so schnell. Ich rannte und wirbelte mit den Füßen das feuchte farbige Laub auf, daß all dies auf den Winter zuführte, bedachte ich nicht. Im Laufe der Jahre hat sich daran nicht viel geändert, in den Herbst, in dessen pathetischer Klarheit ich sozusagen immer gelebt hatte, wachse ich jetzt hinein, wie ein Kind in ein Kleid aus der Kostümkiste, ein ehemals zu weites, zu langes, zu buntes Kleid. Ich kann es mir heute erlauben, Drachen steigen zu lassen, phantastisch Aufgeputztes, das sich den Winden anvertraut, das hoch hinauf fliegt,

und das am Ende die Stoppeln zerreißen und der November-
schlamm bedeckt. Es wird mir auch niemand mehr übelnehmen,
daß ich auf meinen Schlaf halte, meine halben und ganzen Träume, und daß mir von allen Altären der liebste der ist, auf dem sich
die Früchte häufen, gelber Mais, rote Melone, goldgrüne Birne,
Kornährenbüschel, Tomaten, in manchen Gegenden auch Granat-
äpfel, die tausendkernige Frucht.

MARIA MÜLLER-GÖGLER

# Klatschmohn

Das leuchtet und flackert wie Brand
In den gilbenden Weizen versteckt,
Und rührt doch so kühl an die Hand,
Die lüstern sich danach streckt.

Das flattert mit seidenem Blatt,
Hält zäh sich mit schwankendem Stiel
Und wird, kaum gebrochen, schon matt.
Aus ist es mit Sommer und Spiel.

Und aus dem brennenden Bund
Des Straußes entsinkt es und stirbt.
Noch einmal im Staube am Grund
Sieht es dich an und verdirbt.

MONIKA MANN

# Der Gärtner

Blumensorger, Erdemann, stehst in der Sonne hingebückt, den Krempenhut verdorrt, vergilbt, dein Auge froh, und wenn der Regen niederrauscht, die Winde wehen, stehst du noch immer so – so hingebückt zu allem.

GERTRUD KOLMAR

# Die schönen Wunder

Die schönen Wunder aus den sieben Reichen,
Die bald Zitronenfalter, groß an Stielen,
Bald Zwergflamingos, die in Büsche fielen,
Bald Muscheln sind aus zauberstillen Teichen,

O meine Rosen. Herzen. Mögt ihr bleichen,
Erschlafft, erschöpft von weißen Sonnenspielen,
Verzehrt vom Überschwang, dem Allzuvielen;
Tragt singend euch zu Grabe, süße Leichen!

Ich will euch doch vom lieben Zweig nicht trennen,
Euch nicht im engen, lauen Glase wissen,
Die kurze Spanne Blühn euch kunstreich dehnen.

O gut: an unermeßnem Glanz verbrennen,
Statt, von der heißen Erde fortgerissen,
Ein langes schales Leben hinzusehnen.

MARY RUSSELL MITFORD

# Mein Garten

Mein Garten ist der Stolz meines Herzens und das Vergnügen meiner Augen. Unser Haus, das in seinen Abmessungen sehr an einen Vogelkäfig erinnert und fast genauso leicht wie ein solcher auf eine Ablage gestellt oder an einen Baum gehängt werden könnte, wäre bei warmem Wetter vollkommen unerträglich, hätten wir nicht einen Rückzugsort im Freien – in der Tat ein höchst angenehmer Rückzugsort. Damit meine Leser sich diesen vorstellen können, muss ich unseren ganzen Besitz beschreiben.

Stellen Sie sich ein kleines Stück Land vor, mit einem niedrigen, schiefen Häuschen an einem Ende; an einer Seite einen großen Kornspeicher, der vom Haus durch einen kleinen Hof getrennt ist; auf der anderen Seite ein langer, gedeckter Schuppen, zum Garten hin offen und getragen von hölzernen Säulen. Am anderen Ende wird der Garten zum Teil von einer alten Mauer, zum anderen Teil von einem alten Zaun begrenzt, worüber man einen schönen Ausblick über bewaldete Hügel hat. Haus, Kornspeicher, Mauer und Zaun sind bedeckt von Ranken, Kirschbäumen, Rosen, Geißblatt und Jasmin, dazwischen immer wieder ganze Büschel von hohen Stockrosen. Ein großer Holunderbusch hängt über das kleine Tor, und ein prächtiger Lorbeer, wie man ihn in dieser Gegend kaum noch einmal findet, durchbricht mit seiner konischen Form die horizontalen Linien der Gebäude. Dies ist mein Garten; und der lange, auf Säulen stehende Schuppen – eine Art ländliche Laube –, von den Blumenbeeten durch eine Reihe üppigen Storchschnabel getrennt, ist unser Wohnzimmer im Garten.

Ich kenne nichts, was ebenso schön ist, wie an einem Sommernachmittag dort zu sitzen, mit der Sonne im Westen, die durch den Holunder blitzt und unsere fröhlichen Blumenbeete beleuchtet, wo Blumen und blühende Büsche so dicht wachsen wie das Gras auf einer Wiese – eine Wildnis an Blüten, durchwoben, durchrankt, gebunden und gewunden, üppiger als üppig, wo wir nur erraten können, dass so etwas wie Moder existiert, welchen wir aber nie sehen. Ich kenne nichts Schöneres als im Schatten dieser dunklen Laube zu sitzen, das Auge ruhend auf diesem leuchtenden Stück Farbe, das so prächtig von der Abendsonne erhellt wird, ab und an einen Schimmer zu erhaschen von den kleinen Vögeln, wie sie schnell zu und aus ihren Nestern fliegen – es gibt immer zwei oder drei Vogelnester im dichten Behang aus Kirschbäumen, Geißblatt und Hibiskus, der die Wände bedeckt –; das eine Mal mit den Augen dem fröhlichen Tanz der Schmetterlinge um die Dahlien zu folgen, das andere Mal dem selteneren Taubenschwänzchen, das die Landbewohner mit ihrer Liebe zu hübschen Namen den Kolibrischwärmer nennen – dieses vogelähnliche Insekt, das an den heißesten Tagen über den süßesten Blumen schwirrt, seinen langen Saugrüssel in die schmalen Röhren des Jasmins taucht und über den leuchtend roten Blüten des Storchschnabels schwebt, dessen Farbe von seiner eigenen fiedrigen Brust wiederaufgenommen wird: Dieses Insekt, das zutiefst eine Kreatur der Luft ist, niemals ruhend, stets im Gleichgewicht, auch während des Saugens, sich selbst tragend, mit Flügeln, deren unablässige Bewegung einen so tiefen, so vollen, so einschläfernden, so melodischen Ton erzeugt. Nichts ist so schön wie zwischen all den Blumen und Blättern zu sitzen und den Kolibrischwärmer zu betrachten! Nichts ist so schön anzusehen wie mein Garten! Er ist wie ein Gemälde; doch leider erinnert er in mehr als einer Hinsicht an ein Gemälde – denn er ist zu nichts gut als dazu, ihn anzusehen. Man könnte denken, man laufe in einem gerahmten Stück Leinwand. Es gibt zwar Wege – kleine Kieselpfade, nur aus Höflichkeit als Wege bezeichnet –, doch sie sind so von Rosen und Lilien umrankt, so von Winden, Stiefmütterchen, Reseda und anderen Versprengten überwachsen, dass sie – außer um sich gelegentlich zum Pflanzen, Jäten oder Wässern hindurchzuschlängeln – im Grunde nicht vorhanden sind. Niemand denkt daran, in meinem Garten spazierenzugehen. Sogar May [Marys Hund] gleitet mit vorsichtigem Schritt spurlos hindurch wie ein Schwan im Wasser, und wir, seine zweibeinigen Bewohner, behandeln ihn, als wäre er wirklich ein Wohnzimmer und brechen in der Abenddämmerung zu einem Spaziergang auf – gerade so, als hätten wir nicht den ganzen Tag im Freien verbracht.

NELLY SACHS

# Chor der Tröster

Gärtner sind wir, blumenlos gewordene
Kein Heilkraut läßt sich pflanzen
Von Gestern nach Morgen.
Der Salbei hat abgeblüht in den Wiegen –
Rosmarin seinen Duft im Angesicht der neuen Toten verloren –
Selbst der Wermut war bitter nur für gestern.
Die Blüten des Trostes sind zu kurz entsprossen
Reichen nicht für die Qual einer Kinderträne.

Neuer Same wird vielleicht
Im Herzen eines nächtlichen Sängers gezogen.
Wer von uns darf trösten?
In der Tiefe des Hohlwegs
Zwischen Gestern und Morgen
Steht der Cherub
Mahlt mit seinen Flügeln die Blitze der Trauer
Seine Hände aber halten die Felsen auseinander
Von Gestern und Morgen
Wie die Ränder einer Wunde
Die offenbleiben soll
Die noch nicht heilen darf.

Nicht einschlafen lassen die Blitze der Trauer
Das Feld des Vergessens.

Wer von uns darf trösten?

Gärtner sind wir, blumenlos gewordene
Und stehn auf einem Stern, der strahlt
Und weinen.

CHRISTA WOLF

# Pusteblumenfallschirmchen

Denn Vater sprach am Zaun mit dem Gartennachbarn. Was man so sagt: Wie? Sie wollen die wilden Reizker an Ihren Tomaten noch mehr kappen? Das kann doch nicht Ihr Ernst sein! Wir hörten dem Streit mit überheblichem Vergnügen zu, wie man auf etwas hört, was einen nicht wirklich angeht. Übrigens gaben wir dem Vater recht. Aus Prinzip, und weil der Nachbar im Frühjahr unseren letzten Respekt verloren hat, als er in vollem Ernst verlangte, das Kind solle all die mindestens sechshundert gelben Butterblumen in unserem Garten abpflücken, damit sie nicht zu Pusteblumen werden und als Samen sein akkurat gepflegtes Grundstück bedrohen konnten. Wir hatten viel Spaß an dem Gedanken: Armeen von Pusteblumenfallschirmchen – sechshundert mal dreißig, grob gerechnet – treiben eines Tages in einem freundlichen Südwestwind auf des Nachbars Garten los, und er steht da, ächzend, weil er zu dick wird, bis an die Zähne mit Hacke und Spaten und Gartenschlauch bewaffnet, seinen Strohhut auf dem Kopf und seinen wütenden kleinen schwarzen Köter zu seinen Füßen; aber sie alle zusammen richten nichts aus gegen die Pusteblumensamen, die gemächlich herbeisegeln und sich niederlassen, wo sie eben abgesetzt werden ohne Hast und ohne Widerstreben, denn das bißchen Erde und Feuchtigkeit, um erst mal Fuß zu fassen und einen winzigen Keim zu treiben, findet sich allemal.

Wir waren ganz und gar auf Seiten der Pusteblumen.

**Textnachweis:**
S. 15: Elizabeth von Arnim, Blütenpracht im
Frühling, aus: Elizabeth von Arnim, Elizabeth
und ihr Garten. Roman. Aus dem Englischen von
Adelheid Dormagen. © der deutschen Ausgabe
Suhrkamp Verlag Frankfurt am Main 1991;
S. 21: Rose Ausländer, Holdes Wunder einer
Blume. Aus: dies., Die Erde war ein atlasweißes
Feld. Gedichte 1927–1956. Gedichte 1983–1987 ©
S. Fischer Verlag GmbH, Frankfurt am Main 1985;
S. 22: © Julia Kospach, Das Gartenspiel;
S. 24: Marie Luise Kaschnitz: Gedichte © 1947
Claassen Verlag in der Ullstein Buchverlage
GmbH, Berlin;
S. 26: Der Abdruck des Textes von Alma de
l'Aigle erfolgte auf Initiative der Gesellschaft zur
Förderung der Gartenkultur
(www.gartengesellschaft.de);
S. 28: aus: Eva Strittmatter. Sämtliche Gedichte
© Aufbau Verlag GmbH & Co. KG, Berlin 2006
(das Gedicht „Sabah" erschien erstmals 1980 in
E.S.: Zwiegespräch im Aufbau-Verlag);
S. 32: Elisabeth Langgässer: Gedichte © 1959
Claassen Verlag in der Ullstein Buchverlage
GmbH, Berlin;
S. 35: Paula Ludwig. Gedichte. Gesamtausgabe.
Verlag Langewiesche-Brandt, München.
ISBN: 978-3-406-60749-3;
S. 36: © Erbengemeinschaft Alexander Böhm,
Rockenberg;
S. 42: Rose Ausländer, Dornen. Aus: dies., Und
preise die kühlende Liebe der Luft. Gedichte
1983–1987. © S. Fischer Verlag GmbH, Frankfurt
am Main 1988;
S. 48: © Jan Thorbecke Verlag 2014. Mit freund-
licher Genehmigung der Autorin.
S. 64: Eva Strittmatter. Sämtliche Gedichte
© Aufbau Verlag GmbH & Co. KG, Berlin 2006
(das Gedicht „Voraussicht" erschien erstmals
1977 in E.S.: Die eine Rose überwältigt alles im
Aufbau-Verlag);
S. 65: aus: Sidonie Colette, Diese Freuden. Aus
dem Französischen von Maria Dessauer. © der
deutschen Ausgabe Suhrkamp Verlag Frankfurt
am Main 1983;
S. 73: Eva Strittmatter. Sämtliche Gedichte
© Aufbau Verlag GmbH & Co. KG, Berlin 2006
(das Gedicht „Ornament" erschien erstmals
1977 in E.S.: Die eine Rose überwältigt alles im
Aufbau-Verlag);
S. 74: © Erbengemeinschaft Alexander Böhm,
Rockenberg;
S. 77: aus: Jane Austen, Die Abtei von Northan-
ger. Aus dem Englischen von Margarete Rau-
chenberger. © der deutschen Ausgabe Insel
Verlag Frankfurt am Main 1986;

S. 95: aus: Else Lasker-Schüler, Werke und Briefe.
Kritische Ausgabe, Band 3: Prosa 1903–1920.
© Jüdischer Verlag im Suhrkamp Verlag Frank-
furt am Main 1996. Alle Recht bei und vorbehal-
ten durch Suhrkamp Verlag Berlin;
S. 98: Sarah Kirsch, Sämtliche Gedichte © 2005,
Deutsche Verlags-Anstalt, München in der
Verlagsgruppe Random House GmbH;
S. 99: Rose Ausländer, Der Garten. Aus: dies.,
Und preise die kühlende Liebe der Luft. Gedich-
te 1983–1987. © S. Fischer Verlag GmbH, Frank-
furt am Main 1988;
S. 100: Elisabeth Langgässer: Gedichte © 1959
Claassen Verlag in der Ullstein Buchverlage
GmbH, Berlin;
S. 101: Elizabeth von Arnim, August-Himmel, aus:
Elizabeth von Arnim, Elizabeth und ihr Garten.
Roman. Aus dem Englischen von Adelheid
Dormagen. © der deutschen Ausgabe Suhrkamp
Verlag Frankfurt am Main 1991;
S. 104: Yvan Goll: Die Lyrik in vier Bänden.
Band II. Liebesgedichte 1930–1950, hg. u. kom-
mentiert v. Barbara Glauert-Hesse im Auftrag
der Fondation Yvan et Claire Goll, Saint-Dié-des-
Vosges, Argon Verlag, Berlin 1996. © Wallstein
Verlag, Göttingen;
S. 107: Annemarie Herleth: Auf einer Insel
© 1946 Piper Verlag GmbH, München;
S. 109: aus: Else Lasker-Schüler, Werke und Brie-
fe. Kritische Ausgabe, Band 3: Prosa 1903–1920.
© Jüdischer Verlag im Suhrkamp Verlag Frank-
furt am Main 1996. Alle Recht bei und vorbehal-
ten durch Suhrkamp Verlag Berlin;
S. 143: Ina Seidel, Gedichte © 1955, Deutsche
Verlags-Anstalt, München in der Verlagsgruppe
Random House GmbH;
S. 156: Sarah Kirsch, Sämtliche Gedichte © 2005,
Deutsche Verlags-Anstalt, München in der
Verlagsgruppe Random House GmbH;
S. 158: Ingeborg Bachmann: Werke, Bd. 1. Gedich-
te © 1978 Piper Verlag GmbH, München;
S. 159: aus: Marie Luise Kaschnitz, Gesammelte
Werke in sieben Bänden, Band 3: Die autobio-
graphische Prosa II. © Insel Verlag, Frankfurt
am Main 1985. Alle Rechte bei und vorbehalten
durch Insel Verlag Berlin;
S. 161: Maria Müller-Gögler: Klatschmohn. In:
Werkausgabe in 9 Bänden. Bd. 6 © 1980 Jan
Thorbecke Verlag;
S. 162: Monika Mann, „Der Gärtner" In: Monika
Mann, Tupfen im All, Hegner Verlag, Köln 1963.
Abdruck mit freundlicher Genehmigung der
Rowohlt Verlag GmbH, Reinbek bei Hamburg;
S. 166: aus: Nelly Sachs, Werke. Kommentierte
Ausgabe in vier Bänden. Herausgegeben von
Aris Fioretos, Band 1: Gedichte 1940–1950. Her-
ausgegeben von Matthias Weichelt, S. 41.
© Suhrkamp Verlag Berlin 2010;
S. 167: aus: Christa Wolf, Die Lust, gekannt zu
sein. Erzählungen 1960–1980. © Suhrkamp Ver-
lag Frankfurt am Main 2007. Alle Rechte bei und
vorbehalten durch Suhrkamp Verlag Berlin.